VINCENT KLINK

Meine Küche

Rezepte und Texte VINCENT KLINK · WOLFGANG SCHARDT Fotos
Porträt WIGLAF DROSTE · STEPHANIE TÜRCK Illustrationen

VINCENT
KLINK

Meine Küche

Liebe Leserin, lieber Leser,

geht es ums Essen, scheiden sich die Geister: Der eine spricht von Verpflegung und Ernährung, der andere denkt beim Essen an Genuss. Der steht in Deutschland – leider immer noch weit verbreitet – in zweifelhaftem Ruf. Schnell redet man von Völlerei und Exzess. Liegt es daran, dass die Natur des Deutschen immer gern zur Übertreibung und zum Extremen neigt, dass Genießen aber viel mit Maßhalten und Überlegung zu tun hat?

Allen Bedenken kann man mühelos begegnen, wenn auch die kleinen Dinge, also das einfache Essen, auf die Ebene des Genusses gebracht werden. Von den Italienern können wir uns da einiges abschauen. Denken wir nur an die simple Pasta Fagioli, also Bohnen mit Nudeln. Niemand käme in Italien auf die Idee, so etwas als Armeleuteessen zu beleidigen. Armeleuteessen gibt es gar nicht, wohl aber schlechtes Essen, das meist Lieblosigkeit, Phantasiearmut oder Faulheit zum Komplizen hat.

In diesem Buch geht es um die Freude des Kochens und darum, dass man neugierig – egal, ob man gut oder nur mäßig kochen kann – nach vorne strebt und neben dem Hantieren mit Pfannen und Töpfen auch die Natur entdeckt, die Saison und das Regionale. Es geht darum, den Blick nicht in die Ferne zu richten, sondern vor die eigenen Füße zu schauen. Dort gibt es viel zu entdecken.

Wer freudig kocht, wird nie ganz schlecht kochen. Und wer einigermaßen gut kocht, macht sich nicht mehr Arbeit als der Schlamperkoch. Kochen ist mehr als die Notwendigkeit, dem Körper das Nötige zuzuführen. Erst durch das nicht Notwendige, das anscheinend Überflüssige wird man zum Menschen, der von Kultur getragen wird.

Kochen bedeutet für mich den ständigen Versuch, mit der Natur in Einklang zu leben.

Darum geht es letztlich in diesem Buch: Freude am Kochen, Freude an der Natur und dann durch die Auseinandersetzung mit alldem auch Befriedigung zu erlangen.

»Ich bin nicht gemütlich, ich sehe nur so aus!«

VINCENT KLINK

Wielandshöhe

LA SPINETTA

Ein Häuptling am eigenen Herd

Über Vincent Klink, den Musenmann an den Töpfen

»Voilà, ein kleines Zwischenhoch!« Vincent Klink stand in Kochjacke vor mir und hielt eine schlaraffische Stulle in der Hand: zwei gewaltige Scheiben Weißbrot, frisch von einem riesigen Laib heruntergesäbelt, und dazwischen ein pfannengroßes Wiener Schnitzel, warm und butterduftend. Über allem strahlte ein Lächeln, in dem die Sonne aufging. »Kleines Zwischenhoch. Dann musst du das Mitropazeug nicht essen.« So sprach der Mann, drückte mir den zellophanumwickelten Mundvorrat in die Hand, und ich, ganz baff noch, dankte herzlich und machte mich auf meinen Weg. Als ich den Proviant später in der Bahn mit meinem Taschenmesser in Portionen schnitt, die zum unfallfreien Verzehr geeigneter waren, weckte das Begehrlichkeiten bei schnuppernden Mitreisenden, die ich aber nicht in den Rang von Mitspeisenden erheben mochte – dazu schmeckte es mir einfach zu gut. Die Vorstellung, im Restaurant oder sogar zu Hause alleine zu essen, ist traurig und wirkt latent von Einsamkeit und Autismus umweht; im Zug aber bei aufregender Lektüre solitär etwas Köstliches zu sich zu nehmen, ist ein großes Vergnügen.

Was Vincent Klink mit den mir damals neuen Worten »kleines Zwischenhoch« beschrieb, ist etwas ganz Altes: jemandem Gutes mit auf den Weg geben, damit sein Tag auch ein guter werde. Wer eine mit Liebe zubereitete Wegzehrung bei sich hat, dem muss nicht bange sein; er läuft auch nicht Gefahr, den Wegelagerern vom Schnellimbissgewerbe in die Hände zu fallen, deren denaturierte Giftmischerprodukte verlässlich zu Enttäuschung führen, zu Betrübnis und Verdruss. Das Ritual, Reisenden den Proviantbeutel zu füllen, ist alt; es stammt aus den Zeiten, in denen das Reisen beschwerlich war und ebenso entbehrungsreich wie gefährlich werden konnte. Auch wenn die Fährnisse zu Beginn des 21. Jahrhunderts eher im übervollen, lärmenden Gedränge krakeelender Menschenhaufen denn in bedrohlicher Totenstille und Vereinsamung bestehen, stellt sich mit der archaischen Geste der Verpflegung auch heute noch ein archaisches Gefühl von Sicherheit, Behütetsein und Glück ein.

Seine Bodenständigkeit ist einer der bestimmenden Wesenszüge Vincent Klinks. Er selbst bezeichnet sich sogar als »Immobilie«, weil er nicht durch die Gegend saust und jetsettet, sondern seine Sache macht, auf schwäbisch »sei' Sach'«. Bei aller Hartnäckigkeit ist ihm das Verbissene wesensfern. Ihm fehlt, und das ist ein Zugewinn, diese schreckliche deutsche Konsequenz, mit der etwas stets »bis zum bitteren Ende« durchgezogen wird, wie es dann nibelungendummstolz heißt – anstatt, obwohl das doch viel klüger und wünschenswerter wäre, zu einem heiteren Finale geführt zu werden. Letzteres entspricht Klinks Naturell und Absichten.

Vincent Klinks Horizont endet nicht an der Küchentür.
Quellen seiner Inspiration sind auch die Musik und das Bogenschießen.

Wer etwas ums Verrecken betreibt, zerstört es, indem er sich selbst und der Sache die Leichtigkeit nimmt. Natürlich ist Sterneküche harte Arbeit; genau deshalb muss sie ja unverbissen aufgefasst und getan werden. Es geht um Kenntnisreichtum und Hingabe, also um das Gegenteil von übersteigertem Ich-will-Ich-will-Ich-will-aber!-Ehrgeiz.

Hilfreich ist es dabei, wenn sich die Kunst des Kochs nicht im Kochen erschöpft und sein Horizont nicht an der Küchentür endet. »Music doesn't come from music«, sagt der große Jazzpianist Keith Jarrett; ein wahrer Künstler sucht und findet die Quellen seiner Inspiration auch außerhalb seiner eigenen Disziplin. Vincent Klink ist ein musischer Mann. Angefeuert von Neugierde, Genussfreude und einem ausgeprägten Spieltrieb widmet er seine knapp bemessene Zeit neben anderem der Musik und der Literatur. Er spielte Querflöte, Gitarre und Congas, bevor er sich, im Zuge der Wesentlichwerdung im Alter, ganz auf die Trompete konzentrierte. Ohne beharrliches Üben ist keine Entwicklung möglich, ohne Weiterentwicklung gibt es auf Dauer keine Freude, also wird geübt. Wer glaubt, musische Tätigkeit stehle Zeit und Energie, weiß es wahrscheinlich nicht besser; gerade die Disziplin des Übens erfrischt und erquickt den Geist. Pausenloses Kochen bis auf die Knochen dagegen laugt aus und raubt die Lust an der Arbeit.

Die Verbindung von Literatur und Kulinarik ist schon lange eine feste Größe in Vincent Klinks Leben. Im Haffmans Verlag gab er »Die Rübe« heraus, später »Klett-Cotta's Kulinarischen Almanach«. Seit 1999 veröffentlicht er in seiner Edition Vincent Klink die literarisch-kulinarische Kampfschrift *Häuptling Eigener Herd,* die laut Impressum »so vierteljährlich wie möglich«, tatsächlich aber erstaunlich pünktlich vier Mal pro Jahr erscheint. Jedes Heft wird von einer Zeichnerin oder einem Zeichner durchgehend illustriert; so kam auch noch die Bildende Kunst in Vincent Klinks Lebensboot. Für *Häuptling Eigener Herd* zeichneten bisher Großmeister wie F. W. Bernstein, Greser/Lenz, Rudi Hurzlmeier, Ernst Kahl, Bernd Pfarr, Hans Traxler, Tomi Ungerer und F. K. Waechter.

Kulinarik, richtig verstanden, ist immer auch Kulturgeschichte. In seinem werbe- und korruptionsfreien *Häuptling* spendet Herausgeber Klink jede Menge kulinarische Freuden, veröffentlicht lebenspralle Geschichten – und schreibt über Entwicklungen in der Kochkunst, die ihm nicht behagen: »Die Gerichte unserer Zeit werden immer mehr entleibt, sie haben immer weniger Leben. Zum Entsetzen meiner Gäste habe ich an eine alte Tradition angeknüpft: Fasane werden mit den Krallen serviert. Tauben jedoch wie in der französischen Küche mit den Köpfen aufzutragen, traue ich mich dagegen nicht. In Italien kann man den Gourmet dabei beobachten, wie er den Kopf einer gebratenen Taube mit beiden Händen zum Mund führt, kräftig hineinbeißt und die inneren Säfte und das Hirn aussaugt. Das hat mit wirklicher Feinschmeckerei zu tun, mit langer Kultur, würde aber heute an deutschen Tischen das reine Grausen hervorrufen.«

Wer keine inneren Säfte hat, muss zum Ersatz eine Feuilletonmoraldebatte über die inneren Werte führen, von der niemand satt oder klug wird. Es wundert nicht, dass in Vincent Klinks Restaurant *Wielandshöhe* noch niemand genötigt wurde,

10 Marienplatz

Molekular-Chichi aus der Pipette zu lutschen. Klink kocht für richtige Menschen, nicht für gelangweilte Ausgehschreiber, die verzweifelt hoffen, etwas Neues zu erleben oder, ihr größter Irrtum, noch irgendetwas fühlen zu können. Sein Restaurant hat Klink unter Verballhornung seines Namens auch schon als »Vincenz-Klinik« bezeichnet, als »Schönheitsklinik und Institut für Baucherweiterung – in drei Stunden garantieren wir drei Zentimeter.« Dem zaunlattendürren Mode-Ideal, das nach Mangelerkrankung aussieht und Ausdruck von Überfluss im Endstadium ist, wird hier nicht nachgeeifert.

Nicht im Repertoire hat Vincent Klink, der Meister aller Töpfe, nur einen Topf: den Sauertopf. Das Protestantische geht ihm ab, und den schwäbischen Pietismus hat er längst als »Piet Cong« durchschaut. Aufgewachsen in der katholischen Enklave Schwäbisch Gmünd, betrachtet er den Protestantismus mit Distanz und Klarheit: »Im kargen Ackerboden und im rauhen Klima der deutschen Mittelgebirge sind die Ursachen des deutschen Geistes und Wesens zu suchen«, schreibt Klink in *Häuptling Eigener Herd.* »Kaum jemand führte damals eine unbeschwerte Existenz, nur mit Vernunft, Sparsamkeit und Einteilung der Vorräte war das Leben zu meistern. Es lag nahe, dieses Mangeldasein über Religion schönzureden. Aus dieser unseligen Mischung ließ sich leicht ein gedanklicher Weg zum Protestantismus finden, der das gesamte Erdendasein als permanente Fastenzeit installieren wollte.«

Klinks Programm sieht anders aus. Die Maxime von *Häuptling Eigener Herd,* »Wir schnallen den Gürtel weiter«, ist unbedingt auch die seine und darf universell aufgefasst werden. Mit seiner gallischen Nase und seiner barocken Figur sieht Klink ohnehin aus, als entstamme er der Provence. Dass er in Stuttgart waltet, wo Architektur und Verbrechen als Einheit auftreten und die Nichteinhaltung der

Ein Ruhepol im zuverlässig hektischen Restaurant-Alltag und seit langer Zeit an seiner Seite: Ehefrau Elisabeth Klink.

Kehrwoche bis heute mit verbiestertem schwäbischem Standrecht geahndet wird, ist seiner ausgeprägten Bodenhaftung geschuldet.

Ein Ruhepol in einer zuverlässig irrsinnigen Welt ist Vincent Klink. Simulation überlässt er anderen und macht, was angeblich längst nicht mehr möglich ist, jedenfalls nicht mit Erfolg: Er liefert das Beste ab, ehrliche Ware und ehrliche Arbeit. Der Mann betuppt nicht, hat erfreulicherweise aber auch nichts von einem Heiligen, einem Fanatiker oder einem Apostel an sich, der andere mit Dogmen belästigt und beseppelt. Er ist schlicht integer, man merkt das. Deshalb wird Vincent Klink selbst von Menschen, die ihn ausschließlich aus dem Fernsehen kennen, überhaupt nicht als Mediengestalt wahrgenommen. Er wirkt echt, weil er es ist. Das Fernsehen ist nicht das Abbild, sondern das Präservativ der Wirklichkeit, aber ihn vermag es nicht aufzuhalten. Als eine der raren Ausnahmen von der Regel bringt Vincent Klink das Kunststück fertig, sich im Fernsehen als Vertreter der Wirklichkeit gegen das Wirklichkeitsverhinderungsmedium Fernsehen durchzusetzen.

Das geht, wenn es überhaupt gelingen kann, nur ganz einfach. Vincent Klink ist kein Prominenter, sondern hat im Gegenteil einen richtigen Beruf und übt ihn aus: das gute Wetter machen. Zwischenhochs produzieren, kleine und größere.

Wiglaf Droste

Meine Küche

im Frühling

» Das Ei darf nicht zu frisch sein. Optimal geeignet sind drei Tage alte Exemplare. Doch auch mit 14 Tage alten sind verlorene Eier immer noch die einfachste Sache der Welt. Mit den Billigeiern aus dem Supermarkt sind ordentliche Ergebnisse allerdings fast nicht möglich. Die sind oft zu alt und gehen im heißen Wasser völlig auseinander. «

sauerampfersalat mit verlorenem ei

ZUBEREITUNGSZEIT 45 MIN.
ZUTATEN FÜR 4 PERSONEN

- 100 g Sauerampfer
- 1 Kopfsalat
- 1/2 Bund Schnittlauch
- 1 EL Apfelessig
- 4 EL Olivenöl
- Zucker, Pfeffer, Salz
- 1 Ciabatta (ital. Weißbrot)
- 2 Schalotten
- 1 Knoblauchzehe
- 2 Tomaten
- 1 EL fein geschnittenes Basilikum
- 4 Eier (Größe M)
- 2–3 EL Butter

1 Den Sauerampfer und den Kopfsalat putzen, waschen und gut abtropfen lassen. Nach Belieben kleiner zupfen. Den Schnittlauch waschen, trocken schütteln und in Röllchen schneiden. Den Essig mit 2 EL Öl, dem Schnittlauch sowie je 1 Prise Zucker, Pfeffer und Salz vermischen. Sauerampfer und Salatblätter damit vermischen und beiseitestellen.

2 Das Ciabattabrot in Scheiben schneiden und in einer Pfanne in 1 EL Olivenöl in ca. 5 Min. goldbraun rösten.

3 Schalotten und Knoblauch schälen und in kleine Würfel schneiden. Die Tomaten überbrühen, häuten, entkernen und ohne die Stielansätze würfeln. In einer Pfanne das restliche Olivenöl erhitzen. Schalotten, Knoblauch, Tomatenwürfel und Basilikum 2–3 Min. darin anschwitzen. Alles mit Pfeffer und Salz würzen, auf die gerösteten Brotscheiben geben und kurz beiseitestellen.

4 Inzwischen in einem Topf Wasser bis kurz vor den Siedepunkt erhitzen, dann salzen. Die Eier einzeln in Tassen aufschlagen und ins heiße Salzwasser geben. Dabei mit einem Schaumlöffel immer wieder kontrollieren, dass sich die Eier nicht berühren. Das Wasser zum Kochen bringen, dann sofort den Topf vom Herd ziehen. Die Eier noch ca. 5 Min. neben dem Herd ziehen lassen.

5 Die Butter in einer kleinen Pfanne erhitzen und bräunen. Die Eier mit dem Schaumlöffel herausnehmen, auf Tellern anrichten und mit brauner Butter beträufeln. Den Salat um die Eier legen. Mit dem Brot servieren.

CARPENTIER

spargelsalat mit rhabarberdressing

ZUBEREITUNGSZEIT 45 MIN.
MARINIERZEIT MINDESTENS 2 STD.
ZUTATEN FÜR 4 PERSONEN

- 1 dünne Stange rotstieliger Rhabarber
- 1 kleine Handvoll Kerbel
- 2–3 Stängel glatte Petersilie
- 1/4–1/2 Bund Schnittlauch
- 1 EL Mandelöl (s. unten)
- 2 EL frisch gepresster Orangensaft
- 1–2 TL abgeriebene Orangenschale
- 1 1/2 EL Zucker
- Salz, Pfeffer
- 700 g weißer Spargel
- 1 EL Butter
- Küchengarn

1 Den Rhabarber waschen, schälen und in kleine Würfel schneiden. Kerbel, Petersilie und Schnittlauch waschen, trocken schütteln und fein schneiden. Das Mandelöl mit Orangensaft, -schale, Kerbel, Petersilie, Schnittlauch, 1 EL Zucker, Salz und Pfeffer verrühren. Die Rhabarberwürfel mindestens 2 Std. darin einlegen.

2 Den Spargel sorgfältig schälen, die unteren Enden abschneiden. Die Stangen portionsweise mit Küchengarn zusammenbinden.

3 In einem Topf Wasser zum Kochen bringen, mit restlichem Zucker, 1 TL Salz und der Butter würzen. Die Spargelbündel darin ca. 15 Min. kochen lassen. Herausnehmen und gut abtropfen lassen.

4 Das Küchengarn entfernen. Den Spargel nach Belieben in kleine Stücke schneiden und unter den eingelegten Rhabarber mischen.

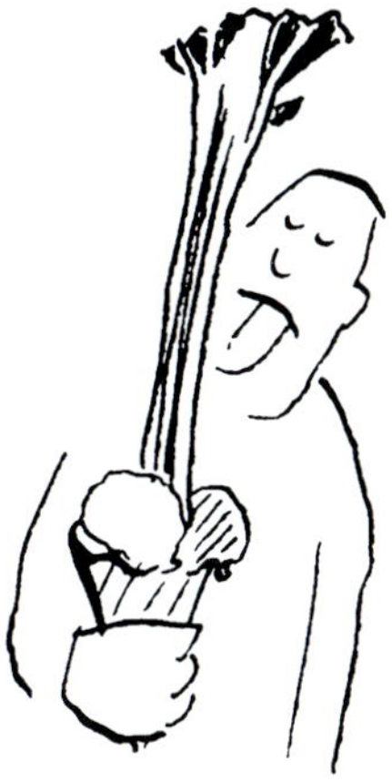

» Für das Dressing eignen sich am besten die süßen rotstieligen Erdbeerrhabarber-Stangen. Das Mandelöl lässt sich durch Mohnöl ersetzen. Sie können auch ganz normales Pflanzenöl verwenden. Es ist aber hier wie bei vielen Dingen: Billiger ist meistens weder schöner noch besser. «

» *Kaninchen* haben ein sehr zartes Fleisch, das nicht zu heiß gebraten werden darf. Sonst wird es strohig. Also die Rouladen nur *leicht bräunen*, dann *eher dünsten* als braten. «

rouladen vom kaninchenrücken mit blattsalat

ZUBEREITUNGSZEIT 40 MIN.
ZUTATEN FÜR 2 PERSONEN

1 Kaninchenrücken ohne Knochen (2 Filets mit Bauchlappen; am besten Rücken vom Händler auslösen lassen)
3 Schalotten
1 Bund glatte Petersilie
1 Zweig Thymian
ca. 100 ml Olivenöl
Salz, Pfeffer
80 g Blattsalate
1 Bio-Limette
50 g Puderzucker
1 TL Bio-Gemüsebrühepulver
grobes Meersalz
Küchengarn

1 Die Kaninchenfilets mit der Innenseite nach oben ausbreiten, etwas flacher klopfen. Schalotten schälen und hacken. Petersilie und Thymian waschen und trocken schütteln. Blättchen abstreifen bzw. fein schneiden. Backofen auf 180° (Umluft 160°) vorheizen.

2 Schalotten in 1 EL Olivenöl anrösten, Petersilie und Thymian untermischen. Alles mit Salz und Pfeffer würzen und aus der Pfanne nehmen. Kaninchenfleisch und Bauchlappen gleichmäßig mit der Mischung bestreichen, zusammenrollen und mit Küchengarn fixieren. Die Fleischrouladen von allen Seiten in 1–2 EL Olivenöl 4–5 Min. leicht anbraten und im heißen Ofen (Mitte) in 15 Min. fertig garen.

3 Inzwischen die Blattsalate waschen und trocken schleudern. Die Limette waschen und abtrocknen. Schale abreiben. Saft auspressen.

4 4 EL Limettensaft mit Limettenschale, Puderzucker, Brühepulver und je 1 Prise Salz und Pfeffer in einen Rührbecher geben. Alles mit dem Handrührgerät gut verquirlen, dabei das restliche Olivenöl (ca. 80 ml) unter ständigem Rühren nach und nach unterrühren.

5 Kaninchenrouladen lauwarm abkühlen lassen, dann schräg aufschneiden und mit grobem Meersalz bestreuen. Blattsalat mit Limettendressing anmachen und dazu reichen.

kartoffelsuppe mit bärlauch, dörrpflaumen und speck

ZUBEREITUNGSZEIT 1 STD.
EINWEICHZEIT ÜBER NACHT
ZUTATEN FÜR 2 PERSONEN

6 getrocknete Pflaumen (Dörrpflaumen)
1 Schalotte, 1 Knoblauchzehe
1 Brötchen
3 mittelgroße Kartoffeln (ca. 500 g)
1 Bund Bärlauch
3 dünne Scheiben durchwachsener Räucherspeck
2 EL Gänseschmalz
250 ml Fleisch- oder Gemüsebrühe
1 Msp. getrockneter Majoran
1/2 dünne Stange Lauch
1 Prise frisch geriebene Muskatnuss
Salz, Pfeffer
1–2 EL Sahne
1 EL fein geschnittene glatte Petersilie

1 Die Dörrpflaumen mit Wasser bedecken und über Nacht einweichen lassen, danach die Steine entfernen.

2 Schalotte und Knoblauch schälen. Schalotte in Ringe schneiden. Knoblauch pressen. Brötchen würfeln. Kartoffeln schälen und in Scheiben schneiden. Bärlauch waschen und trocken schütteln. Blätter fein schneiden.

3 Schalotte mit dem Speck in 1 EL Gänseschmalz glasig dünsten. Die Kartoffeln dazugeben und mit anschwitzen. Mit Brühe ablöschen. Knoblauch und Majoran dazugeben und alles 20 Min. kochen lassen. Inzwischen den Lauch putzen, gründlich waschen und in feine Ringe schneiden.

4 Die Speckscheiben aus der Suppe nehmen, würfeln und beiseitestellen. Die Suppe mit dem Pürierstab fein pürieren. Lauch, Speckwürfel und Dörrpflaumen in die Suppe geben. Die Suppe mit Muskat, Salz und Pfeffer abschmecken. Bärlauch untermischen und die Suppe mit Sahne verfeinern. Brotwürfel im restlichen Gänseschmalz rösten.

5 Die Suppe in Suppentassen anrichten, Brotwürfel darüber verteilen und mit Petersilie bestreut servieren.

» Dörrpflaumen sind zwar gedörrt,
trotzdem dürfen sie nicht steinhart sein.
Vor der Zubereitung immer probieren!
Schmecken sie nicht und sind strohig und hart,
dann hat man hinterher in der Suppe auch kein Vergnügen. «

» *Flädle* sind dünne Pfannkuchen, jedoch *keine Crêpes!*
Ich behaupte, *Flädle sind besser* als sie.
Mit ordentlich Butterschmalz in der Pfanne
werfen sie *Runzeln* und Falten und werden *ganz locker.*
Die dünnen Crêpes sind oft ledrig und fest.
Nicht nur das Fett in der Pfanne macht den Unterschied,
sondern auch die *wenige Butter* im Teig.
Übrig gebliebene Flädle in feine Streifen
schneiden und in *Brühe* servieren. «

gebratener spargel mit orangenvinaigrette und kräuterflädle

ZUBEREITUNGSZEIT 40 MIN.
ZUTATEN FÜR 4 PERSONEN

- 800 g grüner Spargel
- Salz
- 2 EL frisch gepresster Orangensaft
- 1 EL Zitronensaft
- 1/2 TL abgeriebene Orangenschale
- 1 TL Zucker
- 1 Msp. Senfpulver
- Pfeffer
- 3 EL Olivenöl
- 1 Tomate
- 1 kleine Handvoll Kerbel
- 1/2 Bund Schnittlauch
- 1 EL Butter
- 150 g Mehl
- 180–200 ml Milch
- 2 Eier (Größe M)
- 1 EL fein geschnittene glatte Petersilie
- Butterschmalz zum Ausbacken (s. Seite 117)

1 Die Spargelstangen im unteren Drittel gleichmäßig schälen, in reichlich kochendem Salzwasser ca. 3 Min. blanchieren, eiskalt abschrecken, gut abtropfen lassen und beiseitestellen.

2 Für das Dressing Orangensaft mit Zitronensaft, Orangenschale, Zucker, Senfpulver, Salz und Pfeffer vermischen, 2 EL Olivenöl unterrühren. Tomate waschen und fein würfeln. Kerbel und Schnittlauch waschen, trocken schütteln und fein schneiden. Die Tomatenwürfel und jeweils die Hälfte von Kerbel und Schnittlauch unter das Dressing mischen.

3 Für die Kräuterflädle die Butter schmelzen lassen. Das Mehl, 180 ml Milch, die Eier, die flüssige Butter und 1 Prise Salz gut miteinander vermischen. Falls der Teig zu fest wird, noch etwas Milch unterrühren. Den restlichen Kerbel und Schnittlauch sowie die Petersilie untermischen.

4 In einer Pfanne jeweils etwas Butterschmalz erhitzen und darin nach und nach ca. 8 Kräuterpfannkuchen (Flädle) ausbacken. Fertige Flädle im Backofen bei 60° warm stellen.

5 Die Spargelstangen der Länge nach halbieren und in einer Pfanne in dem restlichen Olivenöl anbraten. Die Stangen mit Salz und Pfeffer würzen, anrichten und mit dem Dressing beträufeln. Dazu die Kräuterflädle servieren.

spargel in blätterteig mit morchelrahmsauce

ZUBEREITUNGSZEIT 1 STD.
ZUTATEN FÜR 2 PERSONEN

SPARGEL

800 g weißer Spargel
1 TL Zucker, Salz
1 EL Butter
200 g Blätterteig (aus dem Kühlregal)
Pfeffer
1 Eigelb zum Bestreichen
Küchengarn

MORCHELRAHMSAUCE

20 g getrocknete Morcheln
oder 80 g frische Morcheln
1 Schalotte, 1 EL Butter
4 EL Gemüsebrühe
1 TL Zitronensaft
1 TL Mehlbutter (s. Seite 153)
Salz, Pfeffer
50 g Sahne

1 Den Spargel sorgfältig schälen, die unteren Enden abschneiden. Jeweils die Hälfte der Stangen mit Küchengarn zusammenbinden. Inzwischen in einem Topf reichlich Wasser zum Kochen bringen, mit je 1 TL Zucker und Salz und der Butter würzen. Die Spargelbündel darin in ca. 8 Min. bissfest kochen lassen. Herausnehmen und gut abtropfen lassen. Das Küchengarn entfernen. Backofen auf 200° (Umluft 180°) vorheizen.

2 Für die Sauce getrocknete Morcheln 10 Min. in Wasser einweichen und halbieren, frische Morcheln gut waschen. Die Schalotte schälen und hacken.

3 Die Schalottenwürfel in der Butter braun rösten. Brühe, Zitronensaft und eingeweichte oder frische Morcheln dazugeben. Alles zugedeckt ca. 5 Min. leise kochen lassen. Die Mehlbutter einrühren und die Sauce damit binden. Die Sauce mit Salz und Pfeffer abschmecken und beiseitestellen.

4 Den Blätterteig zu 2 dünnen Platten ausrollen. Auf jede Teigplatte 1 Spargelbündel (ohne Schnur) geben. Spargel salzen, pfeffern und je 1 EL Sauce darauf verteilen. Spargel in den Teig einpacken. Ränder fest andrücken. Spargelkissen mit verquirltem Eigelb bestreichen und im heißen Ofen (Mitte) in ca. 15 Min. goldbraun backen.

5 In der Zwischenzeit die Sahne halb steif schlagen. Die restliche Sauce nochmals aufkochen lassen, die Schlagsahne vorsichtig unterheben. Die Sauce neben den Spargelkissen anrichten.

» An dieser Stelle mal ein Hinweis aufs Internet:
Unter www.wielandshoehe.de habe ich
die *Fertigung von Blätterteig* beschrieben.
Wer sich da durchgekämpft hat, weiß, was Blätterteig ist.
Diese *Kunst*, Blätterteig zu backen,
wird *in Frankreich* gepflegt,
und dort habe ich sie gelernt. «

Gartenkräuter haben eine Intensität, die im Gewächshaus nie erreicht werden kann.

Ich unterscheide kalte und warme Kräuter, finde Thymian in warmen Saucen optimal.

Dill und Fenchelkraut dagegen passen gut zu Salat, verlieren aber erhitzt jeden Charme.

Ausdrucksstark!

Frische Kräuter gibt es das ganze Jahr. Ohne Zweifel haben Kräuter aber eine Saison. Wer Kräuter in seinem eigenen Garten zieht, weiß, von was ich rede. Auch der Wanderer, der in der Provence zwischen Lavendel, Thymian und wildem Majoran hindurchstreift, spürt, welche Intensität Kräuter haben. Solche Kraft entsteht nicht im Gewächshaus.

Im Umgang mit Kräutern brauchen Köche eigentlich keine Ratschläge oder Regeln. Sondern Selbstvertrauen, einen guten Gaumen und eine gute Nase. Frische Kräuter wollen immer wieder berochen und probiert werden. Denn der beste Weg zum akzeptablen Herdkünstler führt über den Versuch. So lernt man auch über das Zuwenig und Zuviel.

Weniger ist mehr

Lese ich auf einer Speisekarte das Wort »Kräuter«, dann fürchte ich, was kommt. »Kräuter« bedeutet fast immer zu viel Kräuter. Und meistens ist es dann auch noch ein Durcheinander von Aromen. Kräuter sind weniger mild, als man gemeinhin annimmt. Fast alle sind sehr ausdrucksstark und mögen sich gegenseitig nicht besonders. Irrtümlich gilt: Bei Kräutern ist alles erlaubt. Das hängt damit zusammen, dass Kräuter gesund sind und was gesund ist, wird gerne genommen. Ob es auch schmeckt, ist oft sekundär. Denn vor lauter Begeisterung für Mineralien, Vitamine und lebensverlängernde Eigenschaften wird die Melange der Aromen wegen all dieser Hoffnungen im Hirn reflexartig ins Positive gerückt. Ich empfehle, Maß zu halten und nur möglichst wenige Kräuter zu vermischen. Einmal gibt es Lamm mit Rosmarin, dann Auberginenmus mit Thymian und vielleicht würzen Sie eine Frikadelle mit etwas Minze. Würden Sie alles vermengen, hätten Sie bei jedem Gericht dasselbe duftende Grundrauschen. Langeweile käme auf.

Auf alle Fälle sind Kräuter anregend. Jedes Kraut hat sogar medizinische Wirkung. Ich vertrete die Theorie, dass man genau das am liebsten mag, was der Körper am nötigsten braucht. Ich liebe z. B. Salbei und spüre bereits beim Essen, wie er meinem trockenen Hals guttut und auch den Magen beruhigt.

Achtung nasse Socken!

Nun zur Praxis: Im Allgemeinen werden Kräuter gehackt, und weil keiner ein schlampiger Koch sein will, wird alles sehr fein gehackt. Doch lassen Sie fein gehackte Petersilie mal kurz stehen. Bereits zehn Minuten reichen für die Oxidation und die Petersilie schmeckt nach nassen Socken – je feiner gehackt, desto schlimmer! Deshalb gilt für alle Kräuter: Nicht zu fein hacken und wenn sie zerkleinert sind, müssen sie auch sofort zum Einsatz kommen.

heilbutt mit grüner und schwarzer tapenade

ZUBEREITUNGSZEIT 25 MIN.
ZEIT ZUM WÄSSERN 1 STD.
ZUTATEN FÜR 4 PERSONEN

- 6 Sardellenfilets in Salz oder Öl (s. unten)
- 1 EL Kapern in Salz oder Öl
- 2 Knoblauchzehen
- 1 frische grüne Chilischote
- 100 g schwarze Oliven ohne Stein
- 8 EL Olivenöl
- Pfeffer
- 100 g grüne Oliven ohne Stein
- 800 g pazifisches Heilbuttfilet (4 Scheiben; ersatzweise weißes Heilbuttfilet)
- Salz

1 In Salz eingelegte Sardellenfilets 1 Std. wässern. In Salz eingelegte Kapern ebenfalls wässern, dabei das Wasser zweimal wechseln. In Öl eingelegte Sardellen und Kapern gut abtropfen lassen.

2 Knoblauch schälen und grob hacken. Die Chilischote waschen, putzen, entkernen und grob hacken. Die schwarzen Oliven mit jeweils der Hälfte der Sardellen, der Kapern, des Knoblauchs und der Chilischote sowie 3 EL Olivenöl in einen Mixer geben. Oliven mit etwas Pfeffer würzen und mit dem Pürierstab nicht zu fein pürieren. Anschließend die grünen Oliven mit den übrigen Sardellen, Kapern, restlichem Knoblauch und Chili sowie 3 EL Olivenöl und etwas Pfeffer pürieren.

3 Das Heilbuttfilet in Scheiben schneiden, Scheiben mit Salz und Pfeffer würzen und in einer Pfanne in restlichem Olivenöl bei mittlerer Hitze von beiden Seiten in ca. 5 Min. pro 1 cm Dicke goldbraun braten.

4 Die Heilbuttscheiben dann mit grüner bzw. schwarzer Tapenade bestreichen und mit Baguette servieren.

» Sardellen sind fermentierte Fische und dienen seit den Römern als Geschmacksverstärker. Nur so viele verwenden, dass sie nicht vorschmecken. Dann runden sie fast jedes Gericht ab. Was bei uns Maggi & Co. ist, sind in Asien die Fischsaucen, die ebenfalls durch Sardellen ihre Würze erhalten. «

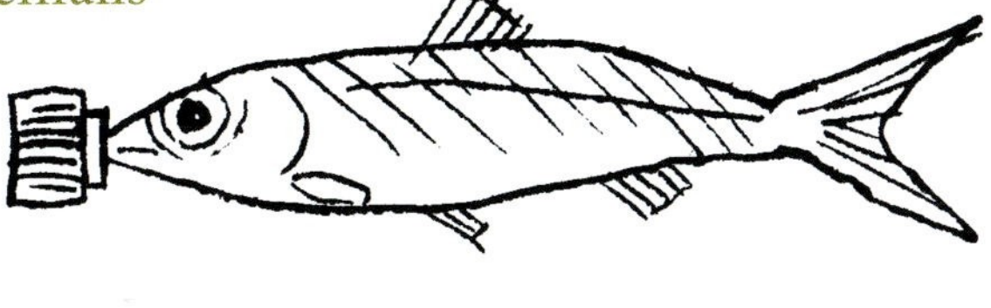

1 Den Fisch außen mit reichlich Pfeffer würzen und mit dem Öl bepinseln.
2 Fisch auf die Salzmischung legen. 3 Salz gut andrücken.

loup de mer in salzkruste mit olivenölcoulis

ZUBEREITUNGSZEIT 40 MIN.
GARZEIT 45 MIN.
ZUTATEN FÜR 2 PERSONEN

LOUP DE MER

2 Schalotten, 1 Knoblauchzehe
1/2 Bio-Zitrone
1 Bund Thymian
1 Loup de Mer (Wolfsbarsch; ungeschuppt, ca. 800 g; beim Händler vorbestellen)
Salz, Pfeffer
1 EL Olivenöl

SALZKRUSTE

4 Eiweiße
1 kg grobes Meersalz

OLIVENÖLCOULIS

1 Schalotte, 1 Knoblauchzehe
1 Tomate
1 Bund glatte Petersilie
1/8 l Olivenöl
1/8 l Fischfond (aus dem Glas)
1/8 l Weißwein
1 TL Speisestärke
Salz, Pfeffer

1 Für den Fisch Schalotten und Knoblauch schälen. Zitronenhälfte waschen, abtrocknen und in Scheiben schneiden. Thymian waschen und trocken schütteln. Den Backofen auf 180° vorheizen.

2 Fisch waschen und trocken tupfen. Die Bauchhöhle etwas salzen. Thymian, Schalotten, Knoblauch und Zitronenscheiben in die Bauchhöhle füllen. Den Fisch außen mit reichlich Pfeffer würzen und mit dem Öl bepinseln (Bild 1).

3 Für die Salzkruste Eiweiße mit dem Meersalz vermischen. Mischung ca. 1 cm hoch auf ein Blech schichten. Fisch darauflegen (Bild 2) und mit restlichem Salz bedecken. Salzmischung gut andrücken (Bild 3), dabei darauf achten, dass nicht zuviel Salz in die Bauchhöhle gelangt. Fisch im Salzmantel im heißen Backofen (Mitte, Umluft 150°) ca. 45 Min. garen.

4 Inzwischen für das Olivenölcoulis Schalotte und Knoblauch schälen. Schalotte hacken. Tomate überbrühen, häuten, entkernen und ohne die Stielansätze würfeln. Petersilie waschen, trocken schütteln und Blätter hacken. 1 EL Öl erhitzen. Schalotte und Knoblauchzehe darin anschwitzen, Fond und Wein dazugießen. Alles ca. 10 Min. köcheln lassen. Speisestärke mit etwas Wasser anrühren, unter die Sauce rühren und Sauce damit binden. Nach und nach restliches Olivenöl einrühren. Sauce mit Salz und Pfeffer abschmecken. Tomatenwürfel und Petersilie unterziehen.

5 Den Backofen ausschalten und den Fisch bei geöffneter Ofentür weitere 15 Min. ziehen lassen. Dann die Salzschicht unten rundum mit einem Sägemesser aufschneiden und als »Deckel« abheben. Die Haut des Fisches entfernen. Fisch an der nun deutlich sichtbaren Seitenlinie filetieren. Die Mittelgräte herausnehmen und das untere Filet ebenso tranchieren wie das obere. Fisch mit Olivenölcoulis servieren.

1 Teig zu einer Kugel formen und mit etwas Öl bestreichen. 2 Mit dem Nudelholz dünn ausrollen. 3 Dann den Strudelteig von der Mitte her nach außen hauchdünn ziehen, bis er fast durchsichtig ist.

forellenstrudel

ZUBEREITUNGSZEIT 40 MIN.
RUHEZEIT MINDESTENS 2 STD.
BACKZEIT 25 MIN.
ZUTATEN FÜR 4 PERSONEN

STRUDELTEIG

250 g Mehl (+ Mehl zum Bestäuben)
10 ml Öl (+ Öl zum Bestreichen)
2 Tropfen Essig
Salz
80 g Butter

FÜLLUNG

400 g gut gekühlte Forellenfilets ohne Haut
1 TL gemahlener Koriander
Salz, Pfeffer
300–400 g gut gekühlte Sahne

1 Für den Teig das Mehl, das Öl, ca. 200 ml lauwarmes Wasser, den Essig und 1 Prise Salz zu einem glatten Teig schlagen. Auf den Boden einer Schüssel etwas Öl geben. Teig zu einer Kugel formen und daraufsetzen. Teigkugel mit etwas Öl bestreichen (Bild 1) und mindestens 2 Std. an einem warmen Ort gehen lassen.

2 Für die Füllung die Forellenfilets in Streifen schneiden und mit Koriander und 1 Prise Salz und Pfeffer in einen Mixer geben. 300 g Sahne nach und nach dazugießen und alles zu einer homogenen Masse pürieren. Wenn die Füllung zu fest ist, noch etwas Sahne dazugeben. Ist sie zu dünn, den Mixer ein bisschen länger laufen lassen. Die Mischung kühl stellen.

3 Backofen auf 180° (Umluft 160°) vorheizen. Teig aus der Schüssel nehmen und das Öl abwischen. Teig mit etwas Mehl bestäuben und auf ein Küchentuch setzen. Die Hände bemehlen und den Teig noch einmal durchkneten, dünn ausrollen (Bild 2) und dann ausziehen. Mit dem Handrücken unter den Teig greifen und so den Teig von der Mitte her nach außen sehr dünn ziehen, bis er fast durchsichtig ist (Bild 3). Risse und Löcher ausbessern, dicke Teigränder abschneiden. Inzwischen die Butter schmelzen lassen. Den ausgezogenen Teig mit etwas flüssiger Butter einpinseln.

4 Die Füllung auf dem ausgezogenen Teig verteilen. Teig zusammenrollen, mit restlicher Butter bestreichen und – falls nötig diagonal oder in zwei Teilen – aufs Backblech legen. Im heißen Ofen (Mitte) ca. 25 Min. backen, bis der Strudel goldbraun ist.

» Hecht ist nichts für Anfänger! Er hat ein sehr eigenständiges, herrliches Aroma – nichts für Leute, die nur Fisch lieben, der nicht nach Fisch schmeckt. Wer den spezifischen Geruch etwas niederhalten möchte, gibt einige Spritzer Pastis dran. «

schüsselpastete vom hecht mit kräutersauce

ZUBEREITUNGSZEIT 1 STD. 30 MIN.
GELIERZEIT ÜBER NACHT
ZUTATEN FÜR 4 PERSONEN

PASTETE
100 g Kohlrabi
je 50 g Knollen- und Staudensellerie
1 Hecht (küchenfertig 1 kg; beim Händler vorbestellen)
Salz, Pfeffer
2 EL Olivenöl
4 Blatt Gelatine
1 Bund Suppengemüse (Möhre, Knollensellerie, Lauch)
1/4 l trockener Riesling

KRÄUTERSAUCE
1 Bund Schnittlauch
1 Bund glatte Petersilie
1 Handvoll Kerbel
1 TL Kapern
1/8 l Sonnenblumenöl
1 Eigelb
1 EL Djion- oder Düsseldorfer Senf
2 EL Weißwein
2 EL geschlagene Sahne
Salz, Pfeffer

1 Für die Pastete Kohlrabi, Sellerie und Staudensellerie putzen, waschen bzw. schälen und würfeln. Den Backofen auf 180° (Umluft 160°) vorheizen.

2 Den Hecht kalt waschen, trocken tupfen, innen und außen salzen und pfeffern. Olivenöl in einem Bräter erhitzen. Den Hecht darin anbraten, dann im heißen Backofen (Mitte) ca. 30 Min. weitergaren.

3 Die Gelatine in kaltem Wasser einweichen. Hecht aus dem Ofen nehmen und erkalten lassen. Die Haut abziehen und die parallel liegenden Gabelgräten entfernen, dazu mit den Händen an der Seitenlinie des Fisches vom Kopf zum Schwanz entlangstreifen. Auch den Kopf entfernen. Das Fischfleisch kleiner zupfen und beiseitestellen. Das Suppengemüse putzen, waschen bzw. schälen und grob zerkleinern. Gräten und Kopf klein hacken und mit dem Suppengemüse, Wein und 1/4 l Wasser in 15–20 Min. um die Hälfte einköcheln lassen. Den Sud durch ein feines Sieb passieren. Es sollte 1/4 l Sud übrig bleiben. Die Gelatine ausdrücken und damit vermischen.

4 Inzwischen die Gemüsewürfel in reichlich kochendem Salzwasser 6–8 Min. blanchieren, abgießen und abtropfen lassen. Hechtfleisch mit den noch warmen Gemüsewürfeln und dem Gelee vermischen. Alles kräftig mit Pfeffer und Salz abschmecken. Eine Glasschüssel mit Klarsichtfolie auskleiden. Die Hecht-Gemüse-Mischung einfüllen, leicht pressen und über Nacht im Kühlschrank fest werden lassen.

5 Für die Kräutersauce die Kräuter waschen, trocken schütteln und fein schneiden. Die Kapern hacken. Ein Drittel des Öls, Eigelb, Senf, Wein und geschlagene Sahne in ein dicht schließendes Marmeladeglas geben und gut schütteln. Ein weiteres Drittel des Öls dazugeben, wiederum gut durchschütteln und schließlich das restliche Öl unterschütteln. Kräutersauce mit Salz und Pfeffer abschmecken und zur Pastete servieren.

tafelspitz mit pesto genueser art

ZUBEREITUNGSZEIT 2 STD. 20 MIN.
ZUTATEN FÜR 4 PERSONEN

TAFELSPITZ

800 g Tafelspitz
500 g Rindfleischknochen
1/2 TL weiße Pfefferkörner
1 Bund Suppengemüse (Möhre, Knollensellerie, Lauch)
1 Knoblauchzehe
Meersalz

PESTO

1 großes Bund Basilikum
1 Knoblauchzehe
100 g Pecorino oder Parmesan
1/2 frische rote oder grüne Chilischote
30 g Pinienkerne
1 Sardellenfilet in Öl
1/4 l Olivenöl
1 TL grob gemahlener Pfeffer

1 Für den Tafelspitz das Fleisch und die Knochen waschen. In einen großen Topf 2 l kaltes Wasser füllen, Pfefferkörner und Knochen dazugeben und aufkochen lassen. Den Tafelspitz in die kochende Flüssigkeit geben. Dann Hitze reduzieren, sodass die Brühe nur noch »simmert«, also ganz leise kocht.

2 Den Tafelspitz insgesamt 1 1/2–2 Std. zugedeckt garen (s. unten). Währenddessen die Brühe immer wieder abschäumen und das Suppengemüse putzen, waschen bzw. schälen und zerkleinern, den Knoblauch schälen. Suppengemüse und Knoblauch nach ca. 1 Std. zum Fleisch geben und mitköcheln lassen.

3 Für das Pesto das Basilikum waschen und trocken tupfen. Blätter grob schneiden. Den Knoblauch schälen. Den Käse reiben. Chilischote waschen, putzen, entkernen und grob hacken. Zerkleinerte Zutaten und Pinienkerne in den Mixer oder einen hohen Becher geben. Sardellenfilet abtropfen lassen und dazugeben. Olivenöl dazugießen und alles im Mixer oder mit dem Pürierstab fein pürieren. Das Pesto mit Pfeffer abschmecken.

4 Den Tafelspitz aus der Brühe nehmen und etwas ruhen lassen. Fleisch von der spitzen Seite her in fingerdicke Scheiben schneiden. Nach zwei Dritteln das Fleisch um 90° drehen und quer, d. h. gegen die Faser, schneiden.

5 Den Tafelspitz auf Tellern anrichten, mit grobem Meersalz bestreuen und mit dem Pesto servieren. Dazu passen in der Brühe gegarte Bouillonkartoffeln und Möhren. Restliche Brühe für eine kräftige Suppe verwenden.

» Tafelspitz ist ein verflixtes Fleischstück:
hinten breit und vorne spitz und schmal zulaufend.
Ich steche nach 1 1/2 Std. in die Mitte des Fleischs.
Ist es weich, zerteile ich das Stück
und nehme die schmale Partie heraus.
Das breite Endstück lasse ich dann
noch mindestens 30 Min. weiterköcheln. «

» Wer Kutteln nicht mag, ist selbst schuld
oder hat eine eventuell standortbedingte ›Unglücksbiografie‹.
Kutteln isst man auf der ganzen Welt,
in Asien, im Orient und überall,
nur nicht in puritanischen Ländern. «

kalbskutteln
in champagnersauce

ZUBEREITUNGSZEIT 1 STD. 30 MIN.
ZUTATEN FÜR 4 PERSONEN

8 getrocknete Morcheln
600 g Kalbskutteln (geputzt, blanchiert und unbedingt vorgekocht; beim Metzger vorbestellen)
2 Zwiebeln
2 Lorbeerblätter, 2 Gewürznelken
1 l Fleischbrühe
1/2 dünne Stange Lauch
1 Stange Staudensellerie
1 Tomate
4–6 Stängel glatte Petersilie
2 EL Butter
50 ml Champagner
50 ml Weißwein
3 Zweige Thymian
2 Knoblauchzehen
1 Msp. getrockneter Majoran
80 g Crème double
Salz, Pfeffer

1 Die Morcheln in Wasser einweichen. Die vorgekochten Kutteln in feine Streifen schneiden. 1 Zwiebel schälen, mit Lorbeerblättern und Nelken spicken. Die Brühe aufkochen lassen. Die Kutteln mit der gespickten Zwiebel darin 10–15 Min. kochen lassen, bis sie schön weich sind, dann herausnehmen. Zwiebel entfernen. Den Fond beiseitestellen.

2 Eingeweichte Morcheln halbieren. Lauch und Sellerie putzen, waschen und in Streifen schneiden. Beides zusammen mit den Morcheln in reichlich kochendem Wasser 3–4 Min. blanchieren, eiskalt abschrecken und abtropfen lassen. Restliche Zwiebel schälen und fein würfeln. Die Tomate überbrühen, häuten, entkernen und fein würfeln. Die Petersilie waschen und trocken schütteln, die Blätter hacken.

3 Die Zwiebelwürfel in der Butter andünsten. Lauch, Sellerie, Morcheln und die Kutteln kurz mitdünsten und alles mit Champagner und Weißwein ablöschen. Thymian waschen und trocken schütteln. Die Blättchen abstreifen. Den Knoblauch schälen, fein schneiden und mit Majoran und Thymian dazufügen.

4 Den beiseitegestellten Fond bei starker Hitze um die Hälfte einkochen lassen. Die Creme double unterrühren und die Sauce mit Salz und Pfeffer abschmecken. Tomatenwürfel, Petersilie und die Kutteln mit dem Gemüse untermischen. Alles kurz aufkochen lassen und nochmals abschmecken. Die Kutteln in Suppentellern servieren, nach Belieben etwas Weißbrot dazu reichen.

lammkoteletts mit lauch gratiniert

ZUBEREITUNGSZEIT 30 MIN.
ZUTATEN FÜR 2 PERSONEN

- 1 **Schalotte**
- 1 dünne Stange **Lauch**
- 1 Zweig **Rosmarin**
- 6 kleine **Lammkoteletts** (à ca. 100 g)
- **Salz, Pfeffer**
- 4 EL **Olivenöl**
- 1/4 l **Fleischbrühe**
- 1 EL **eiskalte Butter**

1 Die Schalotte schälen und fein hacken. Den Lauch putzen, waschen und in sehr feine Würfel schneiden. Rosmarin waschen und trocken schütteln. Nadeln hacken.

2 Die Lammkoteletts salzen und pfeffern. 2 EL Olivenöl in einer Pfanne erhitzen. Koteletts darin von beiden Seiten jeweils 3–4 Min. anbraten, herausnehmen und in einer feuerfesten Form im Backofen bei ca. 60° warm halten. Schalotte in den Bratsud in der Pfanne geben und darin anschwitzen. Mit der Brühe ablöschen und alles bei starker Hitze um zwei Drittel einkochen lassen, dann beiseitestellen.

3 Den Lauch in einer zweiten Pfanne in 1 EL Olivenöl 3–4 Min. anschwitzen. Den Rosmarin untermischen. Lauch mit Salz und Pfeffer abschmecken.

4 Die Lammkoteletts aus dem Ofen nehmen. Den Backofengrill vorheizen. Die Koteletts mit dem Lauch bestreichen, mit restlichem Olivenöl beträufeln und unter dem heißen Grill 3–5 Min. gratinieren. Den Schalottensud nochmals aufkochen. Kalte Butter unterrühren und die Sauce damit binden. Die Lammkoteletts mit der Sauce anrichten. Dazu passt sehr gut Kartoffelgratin.

» *Lammkoteletts* beim Metzger nicht geschnitten, sondern *am Stück kaufen.* So können sie im Kühlschrank noch einige Tage lagern und *reifen.* Achten Sie darauf, dass dabei genügend *Luft an das Fleisch* kommt. Wickeln Sie es nicht luftdicht in Folie, sondern besser in atmendes Küchenkrepp. «

» *Thymian* passt ideal zum Zicklein.
Achten Sie darauf, dass der Thymian
verholzte Stängel hat.
Weiche und schlappe Zweige haben wenig Aroma.
Da ziehe ich gute getrocknete Ware vor.
Und im Winter sowieso! «

zickleinbraten mit gefüllten kartoffeln

ZUBEREITUNGSZEIT 1 STD. 30 MIN.
ZUTATEN FÜR 2 PERSONEN

1 Bund Thymian
1 Bund Suppengemüse (Möhre, Knollensellerie, Lauch)
300 g Schalotten
2 Knoblauchzehen
1/4 Zicklein (Schulter mit Rippen; beim Metzger vorbestellen und wenn möglich entbeinen, Knochen klein hacken lassen)
Salz, Pfeffer
1 EL Olivenöl
1/2 l Fleischbrühe
300 g mittelgroße Frühkartoffeln
2 Tomaten
1 Zwiebel
2 EL weiche Butter
1 TL Mehlbutter (s. Seite 153)
Küchengarn

1 Thymian waschen und trocken schütteln. Blättchen abstreifen und fein schneiden. Suppengemüse, Schalotten und Knoblauch putzen, waschen bzw. schälen und grob würfeln.

2 Das Zicklein ggf. entbeinen. Fleisch auslegen, dickere Stellen flach klopfen. Alles mit Salz, Pfeffer und Thymian würzen, zusammenrollen und mit Küchengarn fixieren.

3 In einem Schnellkochtopf das Olivenöl erhitzen, die Knochen darin anrösten. Die gerollte Schulter dazugeben und von allen Seiten anbraten. Suppengemüse, Schalotten und Knoblauch kurz mitbraten, dann mit Fleischbrühe ablöschen. Schnellkochtopf nach Gebrauchsanweisung mit dem Deckel verschließen. Alles bei maximalem Druck 20 Min. kochen lassen. Dann den Druck vom Topf nehmen und den Deckel öffnen. (Alternativ kann das Fleisch auch in einer Kasserolle zubereitet und im vorgeheizten Backofen bei 180° ohne Deckel ca. 60 Min. geschmort werden.)

4 Inzwischen die Kartoffeln gut waschen und in der Schale in Salzwasser in 20 Min. weich kochen lassen. Die Tomaten häuten, entkernen und fein würfeln. Die Zwiebel schälen und sehr fein würfeln. Die gekochten Kartoffeln halbieren und aushöhlen. Die Zwiebelwürfel in 1 EL Butter anrösten, die Tomaten und die Kartoffelmasse untermischen und alles wieder in die ausgehöhlten Kartoffeln einfüllen. Die Kartoffeln falls nötig im Backofen bei 60° warm halten.

5 Den Backofengrill vorheizen. Das Fleisch aus dem Topf nehmen, auf ein Backblech geben und mit restlicher Butter einstreichen. Die Sauce passieren und mit der Mehlbutter binden. Fleisch unter dem heißen Grill in 2–4 Min. bräunen. Zickleinbraten mit den gefüllten Kartoffeln und der Sauce anrichten.

gefüllte kaninchenkeulen mit kräuterknödeln

ZUBEREITUNGSZEIT 1 STD. 20 MIN.
ZUTATEN FÜR 2 PERSONEN

ca. 70 ml Milch
ca. 70 ml kräftige Gemüsebrühe
3 Brötchen vom Vortag
1 kleine Handvoll Kerbel
1 kleiner Zweig Thymian
1/2 Bund glatte Petersilie
1 EL Schnittlauchröllchen
2 Kaninchenkeulen (wenn möglich vom Händler entbeinen lassen)
Salz, Pfeffer
1/2 Zwiebel
1 kleines Stück Lauchstange (ca. 2 cm)
nach Belieben
2 EL Butter
1 Ei (Größe M)
frisch geriebene Muskatnuss
4 dünne Scheiben Parmaschinken
1 EL Olivenöl
50 ml Weißwein
Küchengarn

1 Milch und Brühe erhitzen. Die Brötchen in hauchdünne Scheiben schneiden, in eine dicht schließende Schüssel geben und mit der heißen Milch-Brühe-Mischung übergießen. Schüssel verschließen, damit der Dampf das Brot optimal durchfeuchten kann. Brötchen 10–15 Min. ziehen lassen. Inzwischen Kerbel, Thymian und Petersilie waschen und trocken schütteln. Blätter hacken und mit dem Schnittlauch zu den Brötchen geben.

2 Die Kaninchenkeulen ggf. entbeinen und in Butterbrotpapier etwas flacher klopfen. Die Keulen salzen, pfeffern und beiseitestellen.

3 Die Zwiebelhälfte schälen und würfeln. Den Lauch putzen, waschen und fein würfeln. Beides in 1 EL Butter andünsten und mit dem Ei zur Brötchenmasse geben. Alles vermengen. Ist die Masse zu trocken, noch etwas Milch untermengen. Teig mit Muskat, Pfeffer und etwas Salz abschmecken.

4 Inzwischen in einem großen Topf Salzwasser aufkochen lassen und den Backofen auf 180° (Umluft 160°) vorheizen. Je 1 EL Teig auf die Kaninchenkeulen geben. Aus dem restlichen Teig Knödel formen und in siedendem Salzwasser ca. 15 Min. ziehen lassen.

5 Die Kaninchenkeulen mit der Knödelfüllung zusammenrollen, mit je 2 Scheiben Parmaschinken umwickeln und mit Küchengarn zusammenbinden. Keulen im Olivenöl bei schwacher Hitze von allen Seiten anbraten, im heißen Ofen (Mitte) insgesamt ca. 15 Min. weitergaren. Nach 5 Min. mit dem Weißwein ablöschen. Die Kaninchenrouladen schräg in der Mitte durchschneiden und anrichten. Fond mit restlicher Butter binden.

» Vorsicht vor zu großen Kaninchenkeulen!
Die kleinen sind zarter und saftiger.
Bei großem Hunger lieber 4 kleine
als 2 große Exemplare kaufen. «

entenbrust mit apfel-pistazien-kruste und frühlingsgemüse

ZUBEREITUNGSZEIT 40 MIN.
ZUTATEN FÜR 2 PERSONEN

ENTENBRUST

2 Entenbrustfilets mit Haut (à ca. 350 g)
Salz, Pfeffer
100 ml Rotwein
1 Apfel
2 Kumquats
1 EL Pistazienkerne ohne Schale
1 Stück frischer Ingwer (ca. 1 cm)
1 EL Butter
1 EL Zucker
1 EL Essig

FRÜHLINGSGEMÜSE

200 g Möhren
1 Bund Frühlingszwiebeln
1 Schalotte
1 EL Butter
1/8 l Gemüsebrühe
2 EL Crème fraîche
Salz, Pfeffer
1 EL fein geschnittene glatte Petersilie

1 Die Filets waschen und trocken tupfen. Die Haut rautenförmig einschneiden. Die Filets mit Salz und Pfeffer würzen und mit der Hautseite nach unten in eine Pfanne geben. Bei schwacher Hitze in ca. 15 Min. langsam das Fett aus der Haut schmelzen lassen (s. unten). Wenn die Haut eine schöne Kruste hat, die Filets wenden und die Hitze erhöhen. Die Filets mit dem Rotwein ablöschen und zugedeckt weitere 10 Min. garen. Das Fleisch aus der Pfanne nehmen und im Backofen bei 60° warm stellen.

2 Während die Entenbrust gart, für die Kruste den Apfel schälen, entkernen und raspeln. Kumquats in feine Scheiben schneiden. Die Pistazien schälen und hacken. Den Ingwer schälen und fein reiben.

3 Den geraspelten Apfel in einer zweiten Pfanne in der Butter anrösten. Zucker darüberstreuen und karamellisieren lassen. Mit Essig ablöschen. Kumquats, Pistazien und Ingwer untermischen. Alles gut aufkochen lassen.

4 Für das Gemüse die Möhren schälen und in dünne Scheiben schneiden, Frühlingszwiebeln putzen, waschen und in Röllchen schneiden. Schalotte schälen und fein würfeln. Schalotte in der Butter anschwitzen, Möhren dazugeben und kurz mitdünsten. Dann die Frühlingszwiebeln untermischen und die Gemüsebrühe angießen. Gemüse zugedeckt ca. 5 Min. garen. Zum Schluss Crème fraîche untermischen. Gemüse mit Salz und Pfeffer abschmecken und mit Petersilie bestreuen.

5 Den Backofengrill vorheizen. Die Haut der Entenbrustfilets mit der Apfelmasse bestreichen und unter dem heißen Grill in 3–5 Min. gratinieren. Die Entenbrustfilets mit dem Gemüse anrichten.

» Die Brust auf der Hautseite *ganz langsam braten* – je weniger Hitze, umso besser. So darf die Brust gern 15 Min. ihr *Fett abschmelzen*. Und das *Fett isoliert* so gut, dass das Fleisch kaum zu garen beginnt. «

Nicht Alltag, sondern Fest

Aus meiner Lehrzeit weiß ich noch: Fleisch ist etwas wirklich Wertvolles! Etwas so Edles, dass ein Lehrling es damals nicht einmal berühren durfte. Es war sicher drei- bis viermal so teuer wie heute. Massentierhaltung gab es noch nicht. Fleisch war etwas Besonderes, ein Höhepunkt des Speiseplans und dementsprechend geehrt. Es war nicht Alltag, sondern ein Fest. Werktags war etwa an ein Schnitzel gar nicht zu denken. Deshalb war der Speiseplan vielfältiger. Hausfrauen mussten sich Gedanken machen und konnten nicht einfach, wenn ihnen nichts einfiel, Bratwürste in die Pfanne hauen.

Spezialisten in jeder Gasse

Allgemein wird angenommen, unsere Mütter und Großmütter hätten, da sie dem Fleisch mehr Achtung entgegenbrachten, mehr davon verstanden. Das wage ich zu bezweifeln. Hausfrauen hatten schon immer viel zu tun. Und wer viel beschäftigt ist, schaut, dass er gewisse Arbeiten abgibt. Nein, nicht die Hausfrau war die Spezialistin. Allein in der Gasse, in der ich in Schwäbisch Gmünd aufwuchs, gab es zwei Metzger und vier Bäcker, einen Milchladen und einen Gemüseladen mit den restlichen Zutaten einer guten Küche, mit Mehl, Gewürzen und ähnlichem. Von den Produkten musste die Hausfrau deshalb gar nicht so viel verstehen, denn dafür waren hinter den Tresen der Geschäfte die wirklichen Fachleute zuständig. Die Hausfrau hatte ihren Stammladen. Dort konnte sie fragen, aber auch reklamieren, wenn sie nicht zufrieden war.

Die Suche nach dem guten Metzger

Köchinnen und Köche von heute sind ziemlich auf sich selbst gestellt. Denn der Lehrberuf der Fleisch-Fachverkäuferin ist selten geworden. Das scheint in diesen fetten Zeiten kein erstrebenswerter Beruf mehr zu sein. Selbst die Metzger, die uns heute bedienen, sind mehrheitlich Industriemetzger, welche die handwerkliche Fleischerzeugung kaum mehr kennen und teilweise gar nicht mehr kennen wollen. Tierzucht ist ein Massengeschäft und kein angenehmes Thema. Trotzdem, es gibt die guten Metzger noch, man muss sie nur finden.

Wir sind beim wichtigsten Moment des Fleischeinkaufs: Schauen Sie sich den Metzger genau an! Guckt er blöd hinter seinem Tresen vor, kann er Fragen nur zögernd oder gar nicht beantworten und weiß er nicht, wo seine in der Auslage prangenden Tiere geweidet haben? Dann sind Sie im falschen Geschäft, und ich kann nur zur Flucht raten.

Darf es etwas Fett sein? Ja!

Natürlich gibt es noch einige Faustregeln: Das artgerecht gehaltene Tier ist nicht von Ernährungsberatern und Diät-Aposteln paralysiert. Ein gesundes Tier hat immer etwas Fett eingelagert. Wer das nicht mag, der schneide es weg. Verlangt man beim Fleischer mageres Fleisch, bekommt man bereits die zweite Wahl. Das Fleisch muss nicht unbedingt sichtbar dicke Fettränder haben, aber immer feine Fettadern, die im Muskelfleisch eingelagert sind.

Fleisch braucht Zeit

Fleisch sollte abgehangen, also etwas gelagert sein. Die Reifung dauert je nach Tier bis zu etwa zehn Tage. Wenige Metzger halten diese Zeit ein. Denn täglich verliert das Fleisch um die fünf Prozent an Gewicht. Das summiert sich, und die extrem knapp kalkulierten Preise in Deutschland lassen lange Reifezeiten gar nicht mehr zu. Mein Rat: Kaufen Sie ein großzügig bemessenes Stück, und bitten Sie den Metzger, es in seinem Kühlhaus noch etwas hängen zu lassen. Der Kühlschrank zu Hause ist dafür ungeeignet, da er zu wenig frische Luft enthält und die Ware vorzeitig verderben würde.

» Holunderblüten nicht unverpackt in den Kühlschrank legen! Am besten lassen sie sich bis zur Verarbeitung in einem dicht zugeschnürten Tiefkühlbeutel im Kühlschrank aufbewahren. «

holunderküchle mit holundersorbet und erdbeersauce

ZUBEREITUNGSZEIT 45 MIN.
RUHEZEIT 2 TAGE
GEFRIERZEIT 4–5 STD.
ZUTATEN FÜR 4 PERSONEN

SORBET
1/2 l Weißwein
135 g Zucker
1 Bio-Zitrone
100 g Holunderblüten

ERDBEERSAUCE
250 g Erdbeeren
1 Vanilleschote
50 g Zucker
20 ml Orangenlikör
100 ml Portwein
100 g Sahne

HOLUNDERKÜCHLE
2 Eier (Größe L)
150 g Mehl
200 ml Milch, Salz
60 g Zucker
ca. 1/2 l Öl zum Frittieren
8 kleine Dolden Holunderblüten
Puderzucker zum Bestreuen

1 Für das Sorbet den Weißwein mit dem Zucker aufkochen und abkühlen lassen. Die Bio-Zitrone waschen, abtrocknen und mit der Schale in Scheiben schneiden. Holunderblüten und Zitronenscheiben zum Wein geben. Im Kühlschrank 2 Tage ziehen lassen.

2 Dann die Flüssigkeit durch ein Sieb passieren, in eine Schüssel geben und im Tiefkühlfach in 4–5 Std. zu einem Sorbet gefrieren lassen. Dabei das Sorbet immer wieder kurz herausnehmen und umrühren.

3 Für die Erdbeersauce die Erdbeeren vorsichtig waschen, entkelchen und halbieren. Die Vanilleschote auskratzen. Erdbeeren und Vanillemark mit Zucker, Orangenlikör und Portwein im Mixer oder mit dem Pürierstab pürieren und nach Belieben durch ein Sieb passieren. Die Sahne halb steif schlagen und unterheben. Die Sauce bis zum Servieren kühl stellen.

4 Für die Holunderküchle die Eier trennen. Mehl, Milch und Eigelbe mit 1 Prise Salz zu einem Teig verrühren. Den Teig ca. 30 Min. kalt stellen. Dann die Eiweiße mit dem Zucker schaumig schlagen und unter den Teig heben.

5 Das Frittieröl stark erhitzen. Die Holunderblüten von den dicken Stielen abtrennen, durch den Teig ziehen und im heißen Öl goldbraun ausbacken.

6 Die Holunderküchle aus dem Öl nehmen und auf Küchenkrepp abtropfen lassen. Auf Dessertteller geben, kräftig mit Puderzucker bestreuen und mit dem Sorbet und der Erdbeersauce sofort servieren.

reisauflauf
mit rhabarberkompott

ZUBEREITUNGSZEIT 1 STD. 10 MIN.
ZUTATEN FÜR 4 PERSONEN

RHABARBERKOMPOTT

1 Vanilleschote
500 g rotstieliger Rhabarber
1/8 l Weißwein oder Apfelsaft
2 EL Zucker
1 EL Speisestärke
3 EL Orangensaft
30 ml Orangenlikör nach Belieben

REISAUFLAUF

450 ml Milch
1 Vanilleschote
120 g Risottoreis
je 1 TL abgeriebene Zitronen- und Orangenschale, Salz
2 Eier (Größe M)
40 g Zucker
20 g Butter (+ Butter für die Form)

1 Für das Kompott die Vanilleschote auskratzen. Den Rhabarber schälen, in 3 cm lange Stücke schneiden und mit Wein oder Saft, Zucker und Vanillemark in einen Topf geben. Alles aufkochen und 3 Min. köcheln lassen, dabei den Rhabarber immer wieder umrühren, damit alle Stücke gleichzeitig gar werden.

2 Die Stärke mit dem Orangensaft verrühren und zum Rhabarber geben. Das Kompott noch einmal kurz aufkochen lassen, nach Belieben mit Orangenlikör abschmecken und abkühlen lassen.

3 Für den Reisauflauf die Milch aufkochen lassen. Die Vanilleschote auskratzen und das Mark mit dem Reis, der Zitronen- und Orangenschale und 1 Prise Salz zur Milch geben. Den Reis bei schwacher Hitze in 20–25 Min. bissfest garen, dabei häufig umrühren. Dann leicht abkühlen lassen.

4 Den Backofen auf 180° (Umluft 160°) vorheizen. Die Eier trennen. Die Eigelbe, Zucker und Butter schaumig rühren. Den abgekühlten Milchreis untermengen.

5 Die Eiweiße zu Schnee schlagen und unter den Milchreis heben. Die Reismasse in eine gefettete Auflaufform geben und im heißen Ofen (Mitte) bei 180 Grad ca. 20–30 Min. (s. unten) garen. Mit dem Kompott servieren.

» Bei diesem Auflauf muss das Timing stimmen: Der Reis darf nicht zu weich und nicht zu hart sein. Nimmt man ihn aus dem Ofen, so zieht er nach. Also sollten Sie die Zeit, die er braucht, um auf den Tisch zu kommen, mit einberechnen. Wenn Sie vor dem Essen zuerst die ganze Familie zusammentrommeln müssen, dann sollte der Auflauf früher aus dem Ofen. «

Meine Küche

im Sommer

salat von lauwarmen auberginen mit paprika-gurken-sauce

ZUBEREITUNGSZEIT 55 MIN.
MARINIERZEIT 2 STD.
ZUTATEN FÜR 4 PERSONEN

4 Auberginen (s. unten)
Salz
1 Zitrone
1 1/2 Bund Schnittlauch
4 EL Olivenöl
grob gemahlener Pfeffer
1 rote Paprikaschote
2 Fleischtomaten
1 Salatgurke
1 Bund glatte Petersilie
3 TL Agavensirup (aus dem Reformhaus)
1 Msp. Cayennepfeffer

1 Die Auberginen waschen und vom dicken Ende zum Blütenansatz in Scheiben schneiden, sodass die Früchte am Blütenansatz zusammenbleiben. Die Früchte um 90° drehen und die Scheiben in lange, dicke Streifen schneiden, die aber wie ein Bündel vom Blütenansatz zusammengehalten werden. Die Auberginenbündel in reichlich kochendem Salzwasser ca. 10 Min. blanchieren und auf einem Tuch abtrocknen lassen.

2 Inzwischen die Zitrone auspressen. Den Schnittlauch waschen, trocken schütteln und in feine Röllchen schneiden. 2 EL Schnittlauch beiseitelegen. Restlichen Schnittlauch mit 2 EL Olivenöl, Zitronensaft und 1 Prise Pfeffer zu einer Marinade verrühren. Auberginenbündel darin 2 Std. marinieren.

3 Für die Sauce Paprika und Tomaten überbrühen, häuten, halbieren und entkernen. Die Tomaten vom Stielansatz befreien. Nach Belieben jeweils etwas Paprika und Tomate fein würfeln und beiseitelegen. Den Rest grob zerkleinern. Die Gurke schälen und in grobe Stücke schneiden. Die Petersilie waschen und trocken schütteln. Die Blätter abzupfen und mit Paprika-, Tomaten- und Gurkenstücken, restlichem Olivenöl und Agavensirup im Mixer oder mit dem Pürierstab pürieren. Die Sauce mit Cayennepfeffer, Salz und Pfeffer abschmecken und mit restlichem Schnittlauch, Paprika- und Tomatenwürfeln verfeinern.

4 Die Auberginen nochmals nach Wunsch lauwarm erhitzen, auf Tellern anrichten und mit der Paprika-Gurken-Sauce servieren.

» Die *besten Auberginen* sind nicht die fast schwarzen, langen Früchte, sondern die großen, *hellvioletten Kugeln.* Die haben auch viel weniger Kerne. «

» Die Tomaten sind nicht nur warm, sondern in Wahrheit ziemlich heiß, wenn sie aus dem Ofen kommen. Ich finde, Tomaten sollten nie kühlschrankkalt gegessen werden! «

warmer tomatensalat mit gebackenem ei

ZUBEREITUNGSZEIT 35 MIN.
ZUTATEN FÜR 4 PERSONEN

- 1/2 Bund Schnittlauch
- 1/2 Bund Basilikum
- 4 Fleischtomaten
- 1 TL Ingwerpulver
- 1–2 TL Zitronensaft
- 2–3 EL Olivenöl
- Salz, Pfeffer
- 5 Eier (Größe M)
- 2 EL Mehl
- 4 EL Semmelbrösel

1 Den Backofen auf 150° vorheizen (Umluft nicht geeignet). Den Schnittlauch waschen, trocken schütteln und in Röllchen schneiden. Das Basilikum waschen, trocken schütteln, die Blätter abzupfen und fein schneiden.

2 Die Tomaten waschen, ohne die Stielansätze in dünne Scheiben schneiden und in eine Auflaufform schichten oder gleich auf Tellern anrichten. Die Tomaten im heißen Ofen (Mitte) ca. 10 Min. erwärmen. Inzwischen Schnittlauch und Basilikum mit Ingwerpulver, 1 TL Zitronensaft und 1 EL Olivenöl mischen. Das Dressing mit Salz und Pfeffer und eventuell noch etwas Zitronensaft abschmecken.

3 4 Eier wie Frühstückseier 5–6 Min. kochen und sofort eiskalt abschrecken. Restliches Ei verquirlen. Gekochte Eier vorsichtig pellen, dann in Mehl wenden, durchs verquirlte Ei ziehen und in den Bröseln wenden.

4 Die gekochten Eier in einer Pfanne im restlichen Olivenöl bei mittlerer Hitze in 5–7 Min. goldbraun braten. Mit Salz und Pfeffer würzen.

5 Das Dressing über die Tomaten gießen, die Eier daraufsetzen und servieren.

ochsenmaulsalat mit bratkartoffeln

ZUBEREITUNGSZEIT 1 STD.
ZUTATEN FÜR 2 PERSONEN

300 g vorwiegend festkochende Kartoffeln
Salz
200 g sauer eingelegtes Ochsenmaul in dünnen Scheiben (beim Metzger vorbestellen)
1 Tomate
1/2–1 TL grob gemahlener Pfeffer
1 TL grob gemahlener Koriander
1–2 EL Aceto balsamico
1 TL Ahornsirup
2 EL Sahne
2 EL Olivenöl
1 Bund Rucola
1 Frühlingszwiebel
1 Zwiebel
2 EL Schweineschmalz
1 Msp. getrockneter Majoran oder Kümmel

1 Die Kartoffeln waschen, in der Schale in ca. 20 Min. in Salzwasser weich kochen lassen, pellen und auskühlen lassen.

2 Inzwischen die Ochsenmaulscheiben auf einem Sieb mit kaltem Wasser abwaschen und in eine Schüssel geben. Die Tomate waschen und ohne den Stielansatz fein würfeln. Die Tomatenwürfel mit 1 Prise Salz, 1/2 TL Pfeffer, Koriander, 1 EL Balsamico, Ahornsirup, Sahne und Olivenöl verrühren. Die Ochsenmaulscheiben damit anmachen und den Salat 15 Min. ziehen lassen.

3 Die Rucola waschen und trocken schütteln. Die Blätter fein schneiden. Die Frühlingszwiebel waschen, putzen und mit dem Grün fein schneiden. Rucola und Frühlingszwiebel unter den marinierten Salat mischen. Den Salat nochmals mit Balsamico, Pfeffer und Salz abschmecken.

4 Die Zwiebel schälen und in Würfel schneiden. Die Pellkartoffeln in dünne Scheiben schneiden, am besten auf dem Gurkenhobel rädeln.

5 Das Schweineschmalz in einer Pfanne erhitzen. Die Kartoffeln darin bei starker Hitze schwenken, bis sie Farbe angenommen haben. Die Zwiebeln dazugeben und so lange schwenken, bis alles braun ist. Die Kartoffeln mit Pfeffer, Salz und Majoran oder Kümmel würzen und mit dem Ochsenmaulsalat servieren.

» Ochsenmaulsalat ist eine typisch *schwäbische Spezialität* und sehr *kalorienarm*. Man darf das Gelatinöse nicht mit Fett verwechseln. «

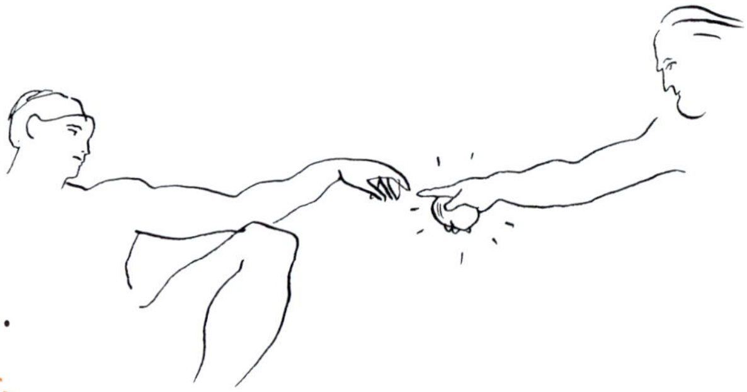

» Es gibt gelbe und *weiße Pfirsiche.* Die weißen sind göttlich – aber nur, wenn sie auf sanften Druck nachgeben. Sind sie zu *hart*, lassen Sie sie in der Obstschale *nachreifen.* Nach drei, vier Tagen werden sie weich. Dann *schmecken* die Pfirsiche, aber nur dann! «

scharfe joghurt-pfirsich-suppe mit riesengarnelen

ZUBEREITUNGSZEIT 40 MIN.
ZUTATEN FÜR 2–4 PERSONEN

- 1 frische rote oder grüne Chilischote
- 1 Tomate
- 1/2 Bund Schnittlauch
- 5–6 Blätter Verbene (Eisenkraut; ersatzweise Zitronenmelisse)
- 2 reife Pfirsiche
- 1/2 Zitrone
- 4 Riesengarnelen (vom Händler schälen und putzen lassen)
- Salz, Pfeffer
- 2 EL Olivenöl
- 500 g Joghurt
- 1/4 l kräftige Gemüsebrühe
- 1 TL Ahornsirup

1 Die Chilischote waschen, putzen, entkernen und fein hacken. Die Tomate überbrühen, häuten, entkernen und ohne die Stielansätze in Würfel schneiden.

2 Die Kräuter waschen, trocken schütteln und fein schneiden. Die Pfirsiche halbieren, die Haut abziehen, die Steine entfernen und das Fruchtfleisch fein würfeln. Die Zitronenhälfte auspressen.

3 Die Riesengarnelen salzen und pfeffern. In 1 EL Olivenöl ca. 4 Min. rundum braten, dann im Backofen bei 60° warm stellen.

4 Chili, Tomate, Pfirsich und Kräuter vermischen. Joghurt, Gemüsebrühe, Zitronensaft, Ahornsirup und restliches Olivenöl miteinander verquirlen, mit Salz und Pfeffer abschmecken und über die Tomaten-Pfirsich-Mischung geben. Alles gut vermengen. Die Garnelen nach Wunsch in Scheiben schneiden oder ganz lassen und darunterheben.

Am besten ohne Jetlag!

Traditionell teilt sich eine Profiküche in verschiedene Abteilungen. Normalerweise ist der Fleischposten, den die Sauciers bedienen, in der Rangordnung ganz vorne. Die Entremetiers, also die Gemüse- und Suppenköche, waren bislang sozusagen die Beilagen-Sklaven. In Frankreich ist das immer noch so. In meiner Küche bin ich jedoch dazu übergegangen, diese Verhältnisse umzudrehen.

Mehr Aufmerksamkeit für Beilagen!

Schon vor zwanzig Jahren begeisterte ich mich für die italienische Speisefolge. Das Fleisch kommt am Schluss, und die »Beilagen« isst man als separate Gänge davor. Leider lässt sich das in Deutschland immer noch nicht ganz realisieren. Der Deutsche hat gerne alles auf einem Teller. So spielt Gemüse die zweite Geige. Für mich gilt die Devise: weniger Fleisch und dafür mehr Aufmerksamkeit für das, was man abwertend Beilage nennt. Die Italiener kochen die Beilagen mit solcher Aufmerksamkeit, dass sie als eigenständige Speisen für sich stehen können. Beim Kochen und Essen gilt ihnen die gleiche Hingabe wie dem Fleisch.

Wir haben uns daran gewöhnt, dass es alles zu jeder Jahreszeit gibt. Paprika und Zucchini im Winter zu kochen, das ist längst üblich in deutschen Küchen. Die Böhnchen an Weihnachten kommen aus Kenia. Freilich, warum sollten in wärmeren Gefilden die Pflanzen nicht genauso wachsen wie in Deutschland? In der Tat, sie gedeihen meist noch besser. Unbestreitbar merkt man aber den weit gereisten Lebensmitteln einen gewissen Jetlag an.

Für mich viel mehr als bloße Beilagen: Frisches Gemüse wie Artischocken.

Auch Kartoffeln – aufmerksam und mit Hingabe zubereitet – können einen großen Auftritt haben.

Ich mag am liebsten, was bei den schwäbischen Gemüsebauern gerade reif ist.

Frische statt Muff

Auch die lange Lagerung beispielsweise von Zitronen hat dieser hochfrischen Frucht eine Muffigkeit beschert, an die man sich mittlerweile gewöhnt hat. Besorgen Sie sich mal unbehandelte sizilianische oder amalfitanische Zitronen. Da unbehandelt, haben die Früchte eine begrenzte Haltbarkeit. Sie sind also nicht über Monate in einem Pappkarton gefangen, um sich mit diesem geschmacklich zu vereinen. Alles was schneller verdirbt, wird auch schneller zum Kunden gebracht.

Von Mairübchen bis Knollenziest

Lagerzeit und Transport spielen also eine große Rolle, und das sind schon genügend Gründe sich für Saisongemüse zu entscheiden. Der Gourmet schreit nun auf und ruft: »Den ganzen Winter Sauerkraut und diverse Krautwickel?« Stimmt, im Winter denkt man vor allem ans Kraut, was jedem irgendwann einmal zum Halse heraushängt. Schaut man sich aber auf den Wochenmärkten um, so sind die Wintergemüse ebenso interessant wie Frühlings- und Sommergemüse. Kraut und Rüben sind ja bereits eine Metapher für jede Art von Durcheinander. Es könnte auch ein Hinweis auf Vielfalt sein. Die Familie der Wurzeln und Rübchen ist so zahlreich, dass man sich damit selbst als Berufskoch wochenlang beschäftigen kann. Petersilienwurzeln, Pastinaken, gelbe Rübchen, alte Möhrensorten, die fast rot sind, Mairübchen in allen Farben, Sellerie, Knollenziest, die Liste kann fast unbegrenzt weitergeführt werden. Mit den Kohlsorten ist es ähnlich. Auf asiatischen Speisezetteln ist Kohl die Nummer eins und die unterschiedlichen Kohlgemüse sind so zahlreich, dass ich sie hier gar nicht abhandeln kann.

Wie man die Übersicht behält

Viele Berufsköche laufen nur für Fotografen mit dem Körbchen über den Wochenmarkt. Der Einkauf wird per Telefon erledigt. So verliert man natürlich den Überblick über das heimische Angebot. Ich habe es mir deshalb zur Angewohnheit gemacht – und da sei meine »senile Bettflucht« gepriesen – frühmorgens über den Stuttgarter Wochenmarkt zu geistern. Dort schaue ich mir alles an und kaufe fast nichts, weil ich zu faul zum Schleppen bin. Zuhause weiß ich, was bei den schwäbischen Bauern gerade reif ist, was in den Gärten los ist. Ich weiß, was gerade preiswert ist und also Hochsaison hat. Mit diesem Wissen kann ich mit meinem Großmarkthändler kompetent verhandeln und meine Order aufgeben.

Abwechslung à la saison

Mit einem Restaurant ist es ja wie mit einem guten Haushalt: Man hat Stammkundschaft, und die besteht auf Abwechslung. Auf den Tellern meines Restaurants findet diese mehr bei den Gemüsen als bei allen anderen Produkten statt.

gemüsesülze mit fenchel und paprika

ZUBEREITUNGSZEIT 25 MIN.
KÜHLZEIT ÜBER NACHT
ZUTATEN FÜR 4 PERSONEN

- 1/2 grüne Paprikaschote
- 1/2 rote Paprikaschote
- 1 Fenchelknolle
- 1/2 l Gemüsebrühe
- 1/8 l Weißwein
- 1 TL Agar-Agar (pflanzliches Geliermittel; Reformhaus oder Bio-Laden)
- 2 EL fein geschnittene glatte Petersilie
- 2 EL Schnittlauchröllchen
- 1 TL frische Thymianblättchen
- Salz, Pfeffer
- 150 g saure Sahne
- 50 g Joghurt
- 1 Spritzer Zitronensaft

1 Die Paprikaschoten putzen, waschen und in 3 cm große Stücke schneiden. Den Fenchel waschen, putzen und zuerst in Scheiben schneiden, dann diese halbieren oder vierteln. Die Gemüsebrühe aufkochen. Paprika und Fenchel darin in 4 Min. weich kochen lassen, dann mit einer Schaumkelle herausnehmen.

2 Den Weißwein mit Agar-Agar verrühren und zur kochenden Gemüsebrühe geben. Alles weitere 2 Min. kochen lassen. Je 1 EL Petersilie, Schnittlauch und den Thymian untermischen. Brühe mit Salz und Pfeffer abschmecken.

3 Das Gemüse in Kaffeetassen geben und mit der Brühe aufgießen. Gemüse über Nacht in den Kühlschrank stellen und die Sülze gelieren lassen.

4 Für den Dip saure Sahne mit Joghurt und den restlichen Kräutern mischen und mit Salz, Pfeffer und Zitronensaft abschmecken.

5 Zum Anrichten die Sülzen vorsichtig stürzen und mit Sauerrahmdip servieren. Dazu frisches Baguette reichen.

» Agar-Agar war mir früher nicht ganz geheuer. Das hat sich geändert. Seit es dieses Geliermittel aus Algen in Pulverform gibt, verwende ich es immer öfter. «

1 In die Mitte des Teigstücks 1 TL Füllung geben. 2 Das Teigdreieck auf den Zeigefinger legen, sodass die Spitze Richtung Handwurzelknochen zeigt. 3 Teig um den Finger wickeln, die Spitze des Dreiecks nach außen biegen.

tomaten-ricotta-tortellini

ZUBEREITUNGSZEIT 1 STD. 15 MIN.
ZUTATEN FÜR 2 PERSONEN

TEIG
150 g Mehl
30 g Hartweizenmehl (aus dem italienischen Feinkostladen; ersatzweise Mehl)
3 Eigelbe
1 Ei (Größe M)
1 TL Olivenöl, Salz

FÜLLUNG
300 g Fleischtomaten
1 Stängel Basilikum
2 Stängel glatte Petersilie
2 Schalotten
1 Knoblauchzehe
20 g getrocknete Tomaten in Öl
2 EL Olivenöl, Salz, Pfeffer
150 g Ricotta

ZUM SERVIEREN
1 EL Butter
3 EL frisch geriebener Parmesan

1 Für den Teig die beiden Mehlsorten in eine Schüssel geben, eine Mulde eindrücken. Eigelbe, Ei, Öl und 1 Prise Salz hineingeben und alles zu einem sehr festen Teig verkneten. Zunächst etwas weniger Mehl nehmen und Teig weich »ankneten«. Dann immer mehr Mehl unterkneten, bis die gewünschte Festigkeit erreicht ist. Teig in Frischhaltefolie wickeln und ca. 30 Min. im Kühlschrank ruhen lassen.

2 Für die Füllung Tomaten überbrühen, häuten, entkernen, ohne Stielansätze grob würfeln. Kräuter waschen, trocken schütteln. Blätter hacken. Schalotten und Knoblauch schälen und fein schneiden. Getrocknete Tomaten abtropfen lassen und in feine Streifen schneiden.

3 Olivenöl in einer Pfanne erhitzen. Schalotten und Knoblauch darin leicht andünsten. Die Tomatenstücke (frische und getrocknete) dazugeben und alles bei starker Hitze unter Rühren in ca. 5 Min. sämig einkochen lassen. Füllung salzen und pfeffern, in eine Schüssel geben und etwas abkühlen lassen. Dann Ricotta und Kräuter locker untermengen.

4 Mit einer Nudelmaschine oder einem Nudelholz den Teig dünn ausrollen und in ca. 8 cm große Quadrate schneiden. Auf jedes 1 TL Füllung geben (Bild 1). Das Teigstück diagonal übereinanderschlagen, sodass ein Dreieck entsteht. Die Teigränder gut zusammendrücken. Das Dreieck auf den Zeigefinger legen, sodass die Spitze Richtung Handwurzelknochen zeigt (Bild 2). Die beiden Enden um den Zeigefinger wickeln und übereinanderschlagen, sodass eine Art Bischofsmütze entsteht. Die Spitze nach außen in Richtung Fingernagel biegen (Bild 3). Dabei mit dem Daumen beide Enden zusammendrücken.

5 Die Tortellini in ca. 4 Min. in kochendem Salzwasser weich garen. Aus dem Wasser nehmen, in einem Topf mit der Butter schwenken und mit Parmesan bestreut servieren.

gegrillter seeteufel mit grünem korianderdip

ZUBEREITUNGSZEIT 30 MIN.
ZUTATEN FÜR 2 PERSONEN

KORIANDERDIP
1/8 l Apfelsaft
2 EL Essig
2 EL Puderzucker
1 Bund Koriandergrün
1 frische grüne Chilischote
Salz, Pfeffer

SEETEUFEL
500 g Seeteufel ohne Haut in daumendicken Scheiben
Salz, Pfeffer
2–3 EL Olivenöl
4 Frühlingszwiebeln

1 Für den Dip Apfelsaft, Essig und Puderzucker vermischen und bei mittlerer bis starker Hitze zu einem dicken Sirup einkochen lassen.

2 In der Zwischenzeit den Koriander waschen und trocken schütteln. Die Blätter abzupfen und fein schneiden. Die Chilischote waschen, putzen, entkernen und ebenfalls ganz fein schneiden. Chili und Koriander zum Sirup geben, den Topf vom Herd ziehen und alles mit Salz und Pfeffer würzen.

3 Die Seeteufelscheiben mit Salz und Pfeffer würzen und mit etwas Olivenöl bepinseln.

4 Die Frühlingszwiebeln waschen, putzen, halbieren, mit Salz und Pfeffer würzen und ebenfalls mit etwas Olivenöl bepinseln. Die Seeteufelscheiben und die Frühlingszwiebeln auf dem Grill (oder in einer Grillpfanne) 3–5 Min. bei mittlerer Hitze garen. Dazu den Korianderdip reichen.

» Seeteufel hat keinen ausgeprägten Geschmack,
wenn er frisch ist.
Das Fleisch muss hellweiß sein,
darf keinen Stich ins Gelbe haben. «

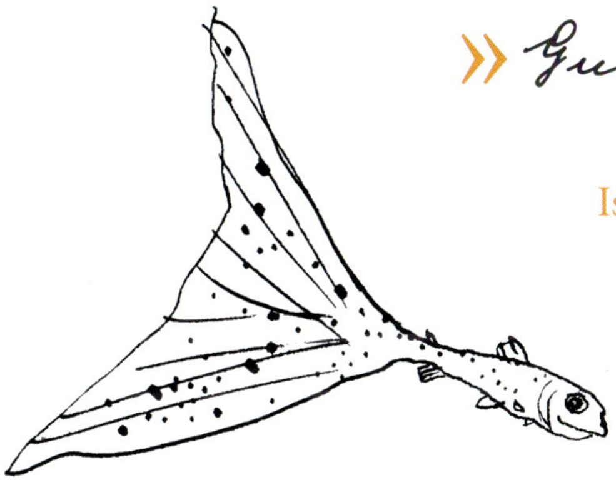

» Gute Forellen erkennt man an der Schwanzflosse: Ist diese schön, groß und glatt, dann hatte der Fisch genug Lebensraum. In zu dicht besetzten Weihern rubbeln sich die Forellen den Schwanz unförmig ab. Nichts für uns! «

forelle mit sommerkräutern und leinöl

ZUBEREITUNGSZEIT 45 MIN.
ZUTATEN FÜR 2 PERSONEN

- 6 neue Kartoffeln (ca. 350 g)
- 1/2 Bund Basilikum
- 5 Zweige Thymian
- 10 Salbeiblätter
- 2 Stängel glatte Petersilie
- 1 Brötchen vom Vortag
- 4 Bachforellenfilets mit Haut
- Salz, Pfeffer
- 1 TL Mehl
- 1 Ei (Größe M)
- 3 EL Butterschmalz (s. Seite 117)
- 1 TL Speisestärke
- 1/8 l Weißwein
- 1 Schalotte
- 4 EL Leinöl

1 Die Kartoffeln gut waschen und in der Schale in ca. 20 Min. weich kochen lassen. Dann abgießen und, falls nötig, im Backofen bei 60° warm stellen.

2 Inzwischen die Kräuter waschen und trocken schütteln. Blättchen abstreifen bzw. grob zerzupfen. Brötchen grob würfeln und zusammen mit den Kräutern in einen Mixer geben und fein zerkleinern. Oder Kräuter sehr fein schneiden, Brötchen reiben und mit den Kräutern mischen.

3 Die Fischfilets von beiden Seiten mit Salz und Pfeffer würzen, aber nur die Fleischseite panieren. Dazu die Fleischseite mit Mehl bestäuben, durch das verquirlte Ei ziehen und mit der Kräuterbröselmischung panieren. Das Butterschmalz in einer Pfanne erhitzen. Fischfilets sowohl auf der Hautseite als auch auf der panierten Seite jeweils 3 Min. braten. Aus der Pfanne nehmen und im Backofen bei 60° warm stellen.

4 Die Stärke mit 1 EL Weißwein verrühren. Schalotte schälen, fein schneiden und in der Fischpfanne anschwitzen. Den restlichen Wein dazugeben und 3–4 Min. kochen lassen. Stärke unterrühren und alles 1 Min. kochen lassen. Topf vom Herd nehmen und das Leinöl mit einem Schneebesen unterrühren. Die Sauce mit Salz und Pfeffer abschmecken.

5 Die Fischfilets mit der Kräuterpanade nach oben anrichten und mit der Sauce umgießen. Die neuen Kartoffeln dazu reichen. Dazu passt noch sehr gut Blattsalat mit Vinaigrette.

marinierte grillsteaks mit grünkernsalat

ZUBEREITUNGSZEIT 1 STD. 20 MIN.
MARINIERZEIT ÜBER NACHT
ZUTATEN FÜR 4 PERSONEN

STEAKS
1 dünne Stange Lauch
2 Bio-Limetten
2 Knoblauchzehen
1 TL grob gemahlener Pfeffer
2 EL Honig
10 ml Anisschnaps
1 TL Sojasauce
1 TL Ingwerpulver
1 EL Butter
4 Schweinesteaks
Salz, Pfeffer

GRÜNKERNSALAT
200 g Grünkern
3/4 l Gemüsebrühe
3 Tomaten, 1/2 Salatgurke
1/2 Bund glatte Petersilie
1/2 Bund Schnittlauch
Saft von 1 Zitrone
Salz, Pfeffer
6 EL Olivenöl

1 Für die Marinade den Lauch putzen, waschen und grob würfeln. Die Bio-Limetten waschen und abtrocknen. Die Schale abreiben, den Saft auspressen. Den Knoblauch schälen und hacken.

2 Lauch, Knoblauch, Limettensaft und -schale mit Pfeffer, Honig, Anisschnaps, Sojasauce, Ingwer und Butter in einen Topf geben. Alles aufkochen und 8–10 Min. köcheln lassen. Die Marinade durch ein feines Sieb passieren, nochmals aufkochen und so lange einkochen lassen, bis eine Art Sirup entsteht.

3 Die Steaks mit wenig Salz und Pfeffer würzen, mit dem abgekühlten Sirup einstreichen und über Nacht im Kühlschrank durchziehen lassen.

4 Den Grünkern in ca. 30 Min. in der Gemüsebrühe bissfest garen. Grünkern abgießen, dabei ca. 2 EL von der Kochflüssigkeit auffangen. Grünkern abkühlen lassen.

5 Die Tomaten waschen, die Stielansätze entfernen und das Fruchtfleisch in Würfel schneiden. Die Gurke schälen und in Würfel schneiden. Petersilie und Schnittlauch waschen, trocken schütteln und fein schneiden. Abgekühlten Grünkern mit dem Gemüse und den Kräutern vermengen.

6 Den Zitronensaft, die zurückbehaltene Kochflüssigkeit, Salz, Pfeffer und das Olivenöl zu einer Vinaigrette verrühren. Grünkern-Gemüse-Mischung damit anmachen. Den Salat ca. 10 Min. im Kühlschrank durchziehen lassen.

7 Die marinierten Steaks auf dem Grill (oder in einer Grillpfanne) von beiden Seiten je 4–6 Min. braten. Die Steaks zu dem leicht gekühlten Salat servieren.

» Gutes Fleisch muss nicht mit heftigen Gewürzen übertüncht werden. Die Marinade für die Steaks ist deshalb von den Aromen her eher mild gehalten. «

» Bei Portwein gibt es enorme Unterschiede, auch im Preis. Für die Schalotten genügt ein junger, preiswerter Portwein. Sehr gut harmoniert es dagegen, wenn man beim Kochen einen alten Vintage dazu trinkt. «

rinderrücken mit portweinschalotten

ZUBEREITUNGSZEIT 35 MIN.
ZUTATEN FÜR 2 PERSONEN

- 2 Zweige Thymian
- 4 Schalotten
- 1 EL Olivenöl
- Salz
- 2 EL Himbeeressig
- 1 Lorbeerblatt
- 1/8 l Portwein
- 2 Scheiben Rinderrücken à 180 g
- Pfeffer
- 1 EL Butterschmalz
- 150 ml Rotwein
- 1 TL kalte Butter

1 Den Thymian waschen und trocken schütteln. Die Blättchen abstreifen. Die Schalotten schälen und nach Wunsch etwas zerkleinern.

2 Die Schalotten im Olivenöl andünsten und salzen. Himbeeressig, Lorbeerblatt, Thymian und Portwein zufügen. Die Flüssigkeit aufkochen und so lange einkochen lassen, bis die Schalotten von einer Art Sirup umgeben sind. Das Lorbeerblatt entfernen.

3 Die Fleischstücke mit Salz und Pfeffer würzen und in einer Pfanne im Butterschmalz von jeder Seite ca. 3 Min. anbraten. Aus der Pfanne nehmen, im Backofen bei 60° warm stellen und den Bratensaft mit Rotwein ablöschen.

4 Den Bratensatz loskochen und die Flüssigkeit etwas einkochen lassen. Die Sauce mit der kalten Butter binden. Die Sauce abschmecken und über die Fleischscheiben gießen. Das Fleisch mit den Portweinschalotten anrichten. Dazu passt sehr gut Kartoffelpüree.

ochsenfilet mit senfkruste

ZUBEREITUNGSZEIT 35 MIN.
ZUTATEN FÜR 2 PERSONEN

2 Ochsenfilets à 200 g
Salz, grob gemahlener Pfeffer
1–2 EL Butterschmalz (s. Seite 117)
100 ml kräftiger Rotwein
1 Scheibe Weißbrot vom Vortag
(ersatzweise 1–2 EL Semmelbrösel)
1/2 Bund glatte Petersilie
2 Zweige Thymian
2 Schalotten
3 EL Butter
1 TL englisches Senfpulver
(helle gemahlene Senfsamen)
Küchengarn nach Belieben

1 Die Filets salzen, mit grobem Pfeffer bestreuen und nach Wunsch mit Küchengarn in Form binden. Filets in Butterschmalz von jeder Seite ca. 4 Min. bei schwacher bis mittlerer Hitze braten. Filets herausnehmen und im Backofen bei 60° warm stellen. Den Bratensatz mit Rotwein ablöschen. Wein etwas einkochen lassen, dann beiseitestellen.

2 Inzwischen das Weißbrot reiben. Kräuter waschen und trocken schütteln. Blättchen abstreifen bzw. fein schneiden. Schalotten schälen, hacken und in 1 EL Butter leicht bräunen. Das Senfpulver darüberstreuen. Thymian und Petersilie untermischen.

3 Den Backofengrill vorheizen. Die Filets aus dem Ofen nehmen und mit der Senf-Schalotten-Paste bestreichen, 1 EL Butter in Flöckchen und etwas geriebenes Weißbrot darüberstreuen und die Filets unter dem heißen Grill 2–3 Min. gratinieren.

4 Die Weinsauce aufkochen lassen und mit Salz und Pfeffer abschmecken. Die restliche Butter einrühren und die Sauce damit binden.

5 Die Filets aufschneiden und mit der Sauce servieren. Zum Ochsenfilet passen Stampfkartoffeln mit Schnittlauch.

» Es macht nichts, wenn Sie *Rinderfilet* gekauft haben.
Wichtig ist, dass das Fleisch nicht labberig ist,
sondern eine gewisse *Festigkeit* hat. Es sollte nicht zu nass sein,
sondern gut gelagert und trocken.
Bei erstklassiger Ware kommt die Festigkeit auch
vom marmoriert *eingelagerten Fett.*
Dieses neigt in der Kühlschrankkälte zur Festigkeit,
was freilich mit zäh gar nichts zu tun hat. «

» Lamm hat mit Hammel nicht viel gemein. Das feine Aroma ist hauptsächlich im Fett angesiedelt. Deshalb beim Vorbereiten nicht alles Fett peinlich genau abfieseln! «

provenzalischer lammsattel mit rosmaringemüse

ZUBEREITUNGSZEIT 1 STD.
ZUTATEN FÜR 4 PERSONEN

LAMMSATTEL

30 g getrocknete Tomaten (s. Seite 126)
1/2 Lammsattel (ca. 1,5 kg; beim Metzger vorbestellen und küchenfertig vorbereiten lassen)
150 g Lammfleischabschnitte
1 Zwiebel
1 Zweig Rosmarin
Salz, Pfeffer
3 EL Olivenöl
1/4 l Fleischbrühe
1/8 l Rotwein
1 Schalotte, 1 Knoblauchzehe
200 g kleine schwarze Oliven ohne Stein
1/2 Bund glatte Petersilie
1 EL geriebenes Weißbrot (ersatzweise Semmelbrösel)
1 TL Mehlbutter (s. Seite 153)

ROSMARINGEMÜSE

3 Kartoffeln
4 EL Olivenöl
1 Möhre, 1 Kohlrabi
1 Fenchelknolle
2 Zweige Rosmarin, Salz, Pfeffer

1 Die getrockneten Tomaten 15 Min. in kaltem Wasser einweichen, dann fein schneiden. Dünne Haut vom Lammrücken entfernen. Den Lammsattel drehen und das hervorstehende Rückgrat abspalten, sodass der Lammsattel einen festen Halt in der Kasserolle hat. Lammabschnitte klein hacken. Die Zwiebel schälen und grob hacken. Den Rosmarin waschen und trocken schütteln.

2 Den Backofen auf 180° vorheizen. Den Lammsattel salzen, pfeffern und in 2 EL Olivenöl rundum anbraten. Dann Fleischabschnitte, Rosmarin und Zwiebel mitbraten. Alles mit etwas Brühe ablöschen und im heißen Ofen (Mitte, Umluft 160°) ca. 40 Min. weitergaren lassen. Zwischendurch immer wieder mit Brühe und zuletzt mit Rotwein ablöschen.

3 Inzwischen für die Olivenkruste Schalotte und Knoblauch schälen und fein hacken. Die Oliven fein schneiden. Die Petersilie waschen und trocken schütteln. Die Blätter abzupfen und hacken. Schalotte und Knoblauch in 1 EL Olivenöl rösten, dann Oliven, getrocknete Tomaten und Petersilie mitdünsten. Mit Pfeffer und Salz würzen und falls nötig mit den Brotbröseln binden.

4 Für das Gemüse die Kartoffeln schälen und in Würfel schneiden. Diese im Olivenöl ca. 10 Min. zugedeckt bei mittlerer Hitze braten. Inzwischen Möhre und Kohlrabi schälen und putzen. Den Fenchel putzen und waschen. Das Gemüse in feine Würfel schneiden und zu den Kartoffeln geben. Den Rosmarin waschen und trocken schütteln. Die Nadeln hacken und untermischen. Das Ganze weitere 5 Min. unter Rühren braten. Mit Salz und Pfeffer abschmecken.

5 Den Lammrücken aus dem Ofen nehmen. Den Bratenfond passieren, nochmals abschmecken und eventuell mit der Mehlbutter binden. Den Backofengrill vorheizen. Den Lammrücken mit der Olivenpaste bestreichen und unter dem heißen Grill 3–5 Min. gratinieren. Aufschneiden und mit dem Gemüse anrichten.

schweinemedaillons mit brunnenkressekruste und gratiniertem kopfsalat

ZUBEREITUNGSZEIT 1 STD.
ZUTATEN FÜR 3–4 PERSONEN

- 2 Scheiben Weißbrot vom Vortag
- 2 Bund Brunnenkresse
- 1 Bund Schnittlauch
- 1 Schalotte
- 1 Knoblauchzehe
- 1 Kopfsalat
- 1 Schweinefilet
- Salz, Pfeffer
- 3 EL Butter (+ Butter für die Form)
- 2 Eigelbe
- 3 EL Weißwein
- frisch geriebene Muskatnuss
- 2–3 Scheiben Bergkäse

1 Die Hälfte des Brots in Würfelchen schneiden, die andere Hälfte fein reiben. Kräuter waschen, trocken schütteln und fein schneiden. Schalotte und Knoblauch schälen und fein hacken. Den Salat putzen, dicke Rippen entfernen. Salatblätter nach Belieben kleiner zupfen. Salatblätter in reichlich kochendem Wasser ganz kurz blanchieren und gut abtropfen lassen.

2 Das Schweinefilet in Medaillons schneiden, diese mit Salz und Pfeffer würzen und von beiden Seiten je 3 Min. in einer Pfanne in 1 EL Butter anbraten. Anschließend die Medaillons aus der Pfanne nehmen und im Backofen bei 60° warm stellen. Die Brotwürfel in der Pfanne in 1 TL Butter goldbraun anbraten.

3 Die Eigelbe mit dem Wein über einem heißen Wasserbad schaumig schlagen, nach und nach 1 EL Butter in Flöckchen unterrühren. Zuletzt Brunnenkresse und Schnittlauch untermischen und alles mit Salz und Pfeffer abschmecken. Medaillons aus dem Ofen nehmen. Den Backofengrill vorheizen. Die gerösteten Brotwürfel mit der Kräuterschaummasse vermischen. Die Medaillons damit bestreichen und in eine feuerfeste Form geben. Die Medaillons unter dem heißen Grill 3–5 Min. gratinieren, bis die Kruste hellbraun ist.

4 Inzwischen die Schalotte und den Knoblauch in einer Pfanne in restlicher Butter anschwitzen, aus der Pfanne nehmen und mit den Salatblättern mischen. Salat mit Salz, Pfeffer und Muskat abschmecken und zu Bällchen formen. Die Bällchen einzeln in ein Küchentuch wickeln und die Restfeuchte gut ausdrücken. Die Bällchen in eine gebutterte feuerfeste Form füllen. Mit dem geriebenen Weißbrot bestreuen, mit dem Käse belegen und unter dem heißen Grill in 2–4 Min. gratinieren. Die Schweinemedaillons mit den gratinierten Salatbällchen anrichten. Dazu passt Risotto.

» Brunnenkresse kann stechend scharf schmecken. Aber keine Sorge! Die Schärfe kommt vom Senföl, und das verflüchtigt sich bei Hitze schnell. Statt 1 Kopfsalat können Sie übrigens auch die Blätter von 2 geschossenen Kopfsalaten verwenden. «

» Früher kostete es in der Küche einen Schnaps, wenn der Flan Luftbläschen hatte und beim Schneiden keine glatte Fläche zeigte. Geschmacklich hat das keine Bedeutung. Achten Sie aber darauf, dass die Eiermasse nicht zu kochen beginnt. Mit dem Finger können Sie prüfen, ob die Masse fest wird. In diesem Moment den Ofen ausschalten und die Ofentür etwas öffnen. «

zitronenhähnchen mit lauchflan

ZUBEREITUNGSZEIT 50 MIN.
ZUTATEN FÜR 2 PERSONEN

- 1 Stange Lauch
- Salz
- 2 Eier (Größe M)
- 1/8 l Milch
- Pfeffer
- frisch geriebene Muskatnuss
- 2 Schalotten
- 2 Hähnchenbrustfilets (à 150 g)
- 1 EL Olivenöl
- 1 TL Zucker
- 200 ml Hühnerbrühe
- 1 Bio-Zitrone
- 125 g Sahne
- 1/2 Bund glatte Petersilie
- Butter für die Förmchen

1 Den Backofen auf 180° (Umluft 160°) vorheizen. Den Lauch putzen, waschen und fein schneiden, in reichlich kochendem Salzwasser 3–4 Min. blanchieren, mit eiskaltem Wasser abschrecken und gut abtropfen lassen. Die Eier mit der Milch verquirlen und mit Salz, Pfeffer und 1 Prise Muskat würzen. Den Lauch dazugeben und die Masse in ausgebutterte Tassen oder Souffléförmchen füllen. Die Formen in ein Wasserbad geben und die Flans im heißen Ofen (Mitte) im Wasserbad in ca. 30 Min. stocken lassen. Dann nach Wunsch aus den Förmchen stürzen.

2 Inzwischen die Schalotten schälen und in feine Würfel schneiden. Die Hähnchenfilets waschen, trocken tupfen und mit Salz und Pfeffer würzen. Schalotten in einer Pfanne im Olivenöl anschwitzen und mit Zucker bestäuben. Hähnchenfilets dazugeben und von allen Seiten anbraten. Die Brühe angießen und die Hähnchenfilets 5–6 Min. weitergaren, dabei die Brühe um die Hälfte einkochen lassen.

3 Die Bio-Zitrone waschen und abtrocknen. Die Schale abreiben, den Saft auspressen. Beides mit der Sahne zur Brühe und zum Fleisch geben und alles nochmals gut aufkochen und 2–3 Min. köcheln lassen. Petersilie waschen und trocken schütteln. Blätter hacken. Die Petersilie untermischen und die Sauce abschmecken. Hähnchenfilets mit dem Flan und der Sauce anrichten.

pfirsich mit zabaione und granatapfelsauce

ZUBEREITUNGSZEIT 35 MIN.
ZUTATEN FÜR 4 PERSONEN

- 250 g Zucker
- 1 Vanilleschote
- 4 reife, weißfleischige Pfirsiche
- 1 Granatapfel
- 2 EL Grenadinesirup
- 1 ungespritzte Rosenblüte
- 3 Tropfen Rosenwasser (aus der Apotheke)
- 3 Eigelbe
- 5 EL Weißwein

1 1 l Wasser mit 200 g Zucker aufkochen lassen. Die Vanilleschote auskratzen. Das Mark zum Zuckerwasser geben. Die Pfirsiche waschen und im Zuckerwasser je nach Reifegrad in 5–10 Min. weich kochen lassen. Dann die Haut abziehen und die Pfirsiche im Zuckerwasser erkalten lassen.

2 Inzwischen den Granatapfel rundum einritzen und in der Mitte auseinanderbrechen. Die Kerne herauslösen und in Grenadinesirup einlegen. Die Rosenblüte in Blätter teilen und mit dem Rosenwasser und 10 g Zucker untermischen.

3 Für die Zabaione die Eigelbe mit 40 g Zucker und dem Weißwein vermischen und über einem heißen Wasserbad steif schlagen. Die ausgekühlten Pfirsiche nach Wunsch halbieren und die Kerne entfernen. Den Rosenblütensalat auf Tellern anrichten, die Pfirsiche darauflegen und die Zabaione angießen oder dazu servieren.

» Der *Granatapfel* ist in der islamischen Welt eine mystische Frucht, ein *Symbol* der Fruchtbarkeit – die vielen roten Kerne stehen dafür. Deshalb darf man den Apfel *nicht zerschneiden*, sondern sollte ihn auseinanderbrechen. «

» Zitronen schmecken unterschiedlich, am besten sind die, die mit Laub angeboten werden. Meine liebste Sorte – das sind die dickschaligen Zitronen der amalfitanischen Küste, südlich von Neapel. «

zitronentarte mit brombeeren

ZUBEREITUNGSZEIT 40 MIN.
KÜHLZEIT 1 STD.
BACKZEIT INSGESAMT 40 MIN.
ZUTATEN FÜR 1 TARTE- ODER SPRINGFORM MIT 26 CM Ø

TEIG

125 g Magerquark oder Schichtkäse
125–150 g Mehl (+ Mehl für die Arbeitsfläche)
125 g Butter (+ Butter für die Form)
1 EL Puderzucker
Salz
getrocknete Hülsenfrüchte und Backpapier zum Blindbacken

BELAG

2 Bio-Zitronen
ca. 160 g Puderzucker
300 g Crème fraîche
4 Eigelbe
500 g Brombeeren
40 ml Brombeerlikör oder Cassis-Likör

1 Für den Mürbeteig Quark abtropfen lassen und mit 125 g Mehl, Butter, Puderzucker und 1 Prise Salz auf ein Backbrett geben. Alles mit einem großen Messer vermischen und durchhacken, dann schnell mit den Händen zu einem glatten Teig kneten. (Durch zu langes Kneten kann der Teig durch die Wärme der Hände weich und fettig werden). Falls der Teig zu feucht ist, noch etwas Mehl unterkneten. Teig zu einer Kugel formen, in Folie wickeln und 1 Std. kalt stellen.

2 Für den Belag die Zitronen waschen und abtrocknen. Die Schale abreiben. Den Saft auspressen und mit 125 g Puderzucker aufkochen lassen. Zitronenschale und Crème fraîche untermischen und unter kräftigem Rühren zum Siedepunkt bringen. Dann die Masse abkühlen lassen.

3 Den Backofen auf 200° (Umluft nicht geeignet) vorheizen. Den Teig auf einer bemehlten Arbeitsfläche ca. 1 cm dick ausrollen, halbieren und übereinanderlegen. Den Teig nochmals ausrollen, wieder übereinanderfalten und anschließend ca. 3 mm dünn ausrollen. Die gefettete Form damit auslegen. Backpapier auf den Teig legen und mit Hülsenfrüchten beschweren. Teig im heißen Ofen (Mitte) ca. 20 Min. blindbacken, dann aus dem Ofen nehmen, Papier und Hülsenfrüchte entfernen.

4 Eigelbe unter die abgekühlte Zitronencreme mischen. Die Masse auf den vorgebackenen Teig geben und die Tarte im heißen Ofen (Mitte) weitere 20 Min. backen.

5 In der Zwischenzeit die Brombeeren mit dem Likör und 2 EL Puderzucker mischen und ziehen lassen. Die Tarte leicht auskühlen lassen und mit den Brombeeren servieren.

MOTO GUZZI

Ohne Süßes fehlt etwas

Geht es Ihnen genauso? Nach einem guten Essen muss noch etwas Süßes obendrauf? Wer so reagiert, hat einen funktionierenden Körper, denn Süßes verhilft der Verdauung zu einem nochmaligen Schub. Deshalb sind Magenbitter, welche den Gallenfluss unterstützen, zusätzlich auch immer noch ordentlich mit Zucker versehen.

Mentalitätsunterschiede

Wie sich das Verhältnis vom Koch, der eigentlich ein Faible fürs Hausschlachten hat, mit der Konditorei beziehungsweise mit der Patisserie gestaltet, das ist ein schwieriges Kapitel. Ob Saucier oder Entremetier, also Fleisch- oder Saucenkoch und auch Gemüse- oder Suppenkoch: Alle werkeln in der sogenannten »warmen Küche«. Alles Gewärmte will ständig abkühlen und deshalb ist Eile geboten.
Es gibt innerhalb des Kochberufs durchaus Mentalitätsunterschiede: Die Köche, die am Herd stehen, sind eher die Hektiker, und die Süßspeisenköche mehrheitlich die bedächtigen Leute.

Kontemplativ und erzieherisch

Ich gebe es zu, ich bin ein extremer Hektiker und habe schon gar nicht die Geduld, mich durch Rezepte in Gramm und Gran zu wiegen. Doch in den letzten Jahren, mit zunehmendem Alter, hat sich das etwas verändert. Die Zubereitung von Desserts hat etwas Kontemplatives, um nicht zu sagen ein erzieherisches Moment. Ich muss mich bremsen, exakt arbeiten, kann nicht – wie bei einer Bratensauce – einfach verdünnen oder andicken. Das Verändern von Rezepten kann verheerende Folgen haben. Aber gerade das reizt mich in letzter Zeit. Natürlich hat die Welt der Süßspeisen innerhalb der vorgegebenen Rezepte enormen Gestaltungsspielraum.

Kompott und Küchle

Mir macht es beispielsweise unglaublich Freude, den Keller mit Äpfeln voll zu haben und dadurch in Zugzwang zu kommen. Wer viele Äpfel hat, muss handeln. Es geht aber nicht an, Gäste oder Familienmitglieder täglich mit Apfelkompott oder Apfelküchle zu drangsalieren. Man muss sich was ausdenken, und meist ist eine gute Idee viel näher als zunächst gedacht. Bleiben wir bei den Äpfeln. Allein im Bereich des Kompotts tun sich Welten auf, wenn man es mit unterschiedlichen Gewürzen versieht. Warum kann an ein süßes Kompott nicht die Schärfe von Peperoni gegeben werden? Warum nicht den austretenden Saft absieben, als scharfen heißen Trunk anbieten und das Fruchtfleisch in einer Form mit Eischnee gratinieren? Selbst für den Anfänger ergeben sich viele einfache Möglichkeiten.

Vom Glück des Kochens

Eigentlich ist das Glück des Kochens genau das. Man kann entscheiden, verändern, umkehren und sich in dem verlieren, was man Kreativität nennt. Da hätten wir es, das berühmte Wort mit »K«, das mir so oft den Graus ins Gemüt treibt. Kreativität ist nicht Verzieren oder das Auge zu verblüffen, sondern sollte in tieferen Lagen des Bewusstseins und Handelns stattfinden. Man muss versuchen, dem Lebensmittel auf den Grund zu kommen.
Wir sind immer noch beim Apfel: Er kann roh verarbeitet werden, aber durch Erhitzen bekommt er einen anderen Kulturanspruch. Das Yin und Yang der Kocherei besteht aus den beiden Polen des Gekochten und des Rohen. An diesen beiden Begriffen kann man das ganze Menschsein festmachen, genauso wie am Salzigen und Süßen. Das ganze Leben besteht aus Polarisation, dem Faszinosum des Gegensätzlichen. Bei der Zusammenstellung eines Menüs führt die richtige Choreografie zu dem, was wir als höchste orale Lust in den Genen verankert haben, dem Süßen, das die Mutterbrust als ersten Lebenseindruck anbietet. Deshalb sind Erlebnisse bei Tisch, die nicht im Süßen gipfeln, auf alle Fälle mit einem gewissen Mangel behaftet. Es fehlt einfach etwas, und das sollte man nicht freiwillig hinnehmen.

Meine Küche

im Herbst

» Den Fenchel wirklich sehr dünn schneiden! Wer keinen guten Hobel hat, kann auch die Brotschneidemaschine für diese Arbeit bemühen. «

salat von geröstetem fenchel

ZUBEREITUNGSZEIT 30 MIN.
ZUTATEN FÜR 2 PERSONEN

2 Fenchelknollen
6 EL Olivenöl
grob gemahlener Pfeffer
Meersalz
1 Frühlingszwiebel
1 Tomate
4–5 Stängel glatte Petersilie
1 EL Zitronensaft
2 EL Frischkäse

1 Den Backofen auf 180° (Umluft 160°) vorheizen. Den Fenchel waschen, putzen und in hauchdünne Scheiben hobeln oder schneiden. Schönes Fenchelgrün fein schneiden. Ein Blech mit 1 EL Öl bestreichen. Den Fenchel auf das Blech legen, mit Pfeffer und Salz bestreuen und im heißen Ofen (Mitte) insgesamt ca. 20 Min. backen, dabei nach 10 Min. wenden. Die Fenchelscheiben dürfen an den Rändern dunkelbraun werden.

2 Inzwischen die Frühlingszwiebel putzen, waschen und fein schneiden. Die Tomate überbrühen, häuten, entkernen und ohne den Stielansatz fein würfeln. Petersilie waschen und trocken schütteln, die Blätter abzupfen, fein schneiden und mit Frühlingszwiebel, Tomate, Zitronensaft, 4 EL Olivenöl und dem Fenchelgrün mischen.

3 Den Fenchel aus dem Backofen nehmen und etwas abkühlen lassen. Mit der Tomatenmischung anmachen. Den Frischkäse in Nocken auf den Fenchelsalat setzen. Eine Mulde eindrücken und mit wenig Olivenöl beträufeln. Den Salat mit dem Frischkäse servieren.

linsen-portulak-salat mit gebratenem beefsteak-tatar

ZUBEREITUNGSZEIT 1 STD.
EINWEICHZEIT ÜBER NACHT
ZUTATEN FÜR 2 PERSONEN

LINSEN-PORTULAK-SALAT

250 g Berglinsen, Salz
1 Schalotte
2 kleine Möhren
1/2 dünne Stange Lauch
1 Bund Schnittlauch
8 EL Olivenöl
2 EL Aceto balsamico
2 EL Weißwein
1 EL grober Senf
1 TL Zucker, Salz, Pfeffer
2 Handvoll Portulak (ca. 100 g)

BEEFSTEAK-TATAR

300 g Rinderfilet
1 Sardellenfilet in Öl
1 TL Kapern
1 Schalotte
1 TL scharfer Senf
2 Eigelbe
1 EL Olivenöl
1/8 l Weißwein
1 EL kalte Butter

1 Die Linsen über Nacht einweichen (s. unten). Dann in ca. 30 Min. in reichlich Salzwasser bissfest kochen lassen.

2 Inzwischen für den Salat Schalotte und Möhren schälen und fein würfeln. Den Lauch putzen, waschen und fein schneiden. Den Schnittlauch waschen, trocken schütteln und in Röllchen schneiden. Die Schalotte mit Möhren und Lauch in 1 EL Olivenöl anschwitzen, abkühlen lassen und in ein Schraubglas geben. Dazu Balsamico, restliches Olivenöl, Weißwein, groben Senf, Schnittlauch, Zucker und 1 TL Pfeffer und Salz geben und das Ganze gut schütteln.

3 Den Portulak nach Belieben entstielen, waschen und abtropfen lassen. Die Linsen mit dem Portulak mischen und mit dem Dressing anmachen.

4 Für das Beefsteak-Tatar das Rinderfilet durch den Fleischwolf drehen oder mit einem scharfen Messer ganz fein hacken. Das Sardellenfilet abtropfen lassen und fein hacken. Die Kapern fein hacken. Die Schalotte schälen und hacken.

5 Das Hackfleisch in eine Schüssel geben und die Sardelle, die Schalotte, den scharfen Senf, die Kapern und die Eigelbe rasch untermischen. Aus der Masse 8 kleine Frikadellen formen und in einer Pfanne im Olivenöl kurz nach Wunsch von beiden Seiten anbraten (1–2 Min. pro Seite: rot, 2–3 Min. pro Seite: durch).

6 Die Beefsteaks auf Tellern anrichten, den entstandenen Bratensatz in der Pfanne mit dem Weißwein ablöschen, aufkochen und mit der Butter binden. Den Fond über die Beefsteaks geben. Die Steaks mit dem Salat servieren.

» Dies ist ein *Befehl:* Alle Hülsenfrüchte werden am *Tag vorher eingeweicht.* Das hat nichts mit verkürzter Garzeit zu tun, sondern mit dem Quellen. Gut eingeweicht platzen die Linsen nicht auf, sondern werden weich und trotzdem *nicht musig.* «

» Fischsuppe ist kalorienarm und in dieser Version hocharomatisch. Am besten ganze Fische vom Händler filetieren und klein schneiden lassen. Dann kann man die Suppe zu den unkomplizierten Schnellgerichten zählen. «

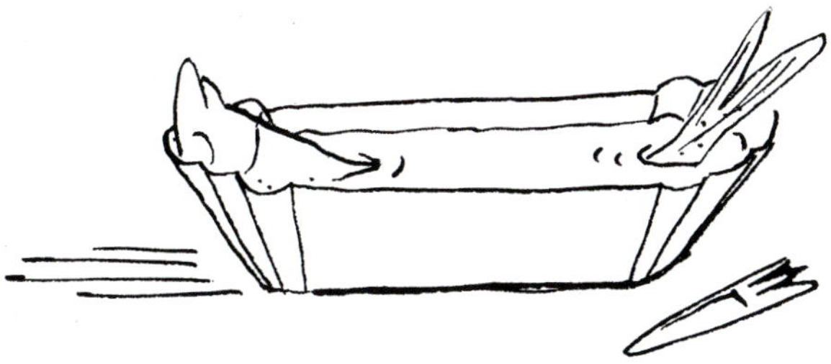

fischsuppe mit gemüse

ZUBEREITUNGSZEIT 1 STD. 10 MIN.
ZUTATEN FÜR 2–3 PERSONEN

500 g Fischkarkassen (Gräten)
1 Bund Suppengemüse (Möhre, Knollensellerie, Lauch)
Salz, Pfeffer
300 g Fischfilet (Kabeljau, Rotbarsch, Seelachs)
1 Zwiebel
1 Knoblauchzehe
1 Fenchelknolle
1 Möhre
1 Stange Staudensellerie
1 Tomate
1/2 Stange Lauch
100 g Kartoffeln
1 EL Olivenöl
1 Bund Salbei
1 Bund glatte Petersilie
1/4 l Weißwein

1 Die Gräten in reichlich Wasser wässern und gut abwaschen, dann in 1 l Wasser in einem doppelt so großen Topf zum Kochen bringen. Das Suppengemüse putzen, waschen bzw. schälen, zerkleinern und dazugeben. Alles 30 Min. kochen lassen, salzen, pfeffern, abschäumen und passieren.

2 Inzwischen das Fischfilet würfeln. Zwiebel und Knoblauch schälen und fein würfeln. Fenchel, Möhre, Sellerie, Tomate und Lauch putzen und waschen bzw. schälen. Das Gemüse in Würfel schneiden. Die Kartoffeln schälen und in Würfel schneiden.

3 Die Zwiebel und den Knoblauch im Olivenöl goldbraun anbraten, dann mit den Kartoffeln in die passierte Brühe geben. Alles zugedeckt bei schwacher Hitze ca. 5 Min. köcheln lassen. Dann Fenchel-, Möhren- und Selleriewürfel dazugeben und alles weitere 10 Min. köcheln lassen.

4 Das gewürfelte Fischfilet und den Lauch dazugeben und 4–5 Min. mitköcheln lassen. Inzwischen Salbei und Petersilie waschen und trocken schütteln. Die Blätter hacken und mit den Tomatenwürfeln zur Suppe geben.

5 Alles aufkochen lassen, vom Herd nehmen und den Weißwein unterrühren. Die Suppe abschmecken und mit Weißbrot servieren.

steirische kürbissuppe

ZUBEREITUNGSZEIT 40 MIN.
ZUTATEN FÜR 3–4 PERSONEN

500 g Kürbis (Hokkaido oder franz. Muskatkürbis)
1 EL Kürbiskerne
1 EL Butter
1/2 l Fleisch- oder Hühnerbrühe
Salz, Pfeffer
1 TL getrockneter Thymian
frisch geriebene Muskatnuss
125 g Sahne
1/2 TL gemahlener Kümmel
3–4 Stängel Dill zum Garnieren
Kürbiskernöl zum Beträufeln

1 Den Kürbis vierteln, die Kerne, Fasern und eventuell die Schale entfernen (beim Hokkaidokürbis wird die Schale mitgekocht). Das Kürbisfleisch in ca. 3 cm große Würfel schneiden. Die Kürbiskerne in einer Pfanne ohne Fett anrösten und beiseitestellen.

2 In einem Topf die Kürbisstücke in der Butter andünsten. Die Brühe angießen und aufkochen. Den Kürbis bei schwacher Hitze zugedeckt in 15–20 Min. weich kochen.

3 Mit Salz, Pfeffer, Thymian und 1 Prise frisch geriebener Muskatnuss würzen. Die Sahne und den Kümmel unterrühren. Die Suppe im Mixer oder mit dem Pürierstab pürieren und luftig aufschlagen. Den Dill waschen und trocken schütteln. Die Spitzen abzupfen.

4 Vor dem Servieren die Suppe nochmals abschmecken. Die Kürbissuppe auf vorgewärmte Teller verteilen. Auf jede Portion ein paar Tropfen Kürbiskernöl träufeln und die Suppe mit den Dillspitzen und den Kürbiskernen garnieren.

» Wer einen Garten hat, der sollte *Dill aupflanzen*.
Aus den Treibhäusern schmeckt das Kraut meist ziemlich fad.
Ist er gut *an der Sonne* ausgewachsen,
überwiegen beim Dill dagegen die Anisaromen.
Er hat dann *feurige Kraft*. «

1 Alle Zutaten für die Füllung gut vermischen und mit einem Esslöffel auf die Kohlblätter geben. 2 Die Blattränder einschlagen. 3 Kohlblätter aufrollen.

ziegenkäse-haselnuss-krautwickel

ZUBEREITUNGSZEIT 1 STD. 10 MIN.
ZUTATEN FÜR 4 PERSONEN

8 kleinere Weißkohlblätter
Salz
1 Schalotte
1 Knoblauchzehe
200 g Ziegenfrischkäse
50 grob gemahlene Haselnusskerne
2 EL Olivenöl
1 Bund glatte Petersilie
1 TL getrockneter Thymian
1 Msp. gemahlener Koriander
1 Ei (Größe M)
1 TL Bio-Gemüsebrühepulver
4 EL geriebenes Weißbrot (ersatzweise Semmelbrösel)
Pfeffer
1 EL Butter (+ Butter für die Form)

1 Die Weißkohlblätter in reichlich kochendem Salzwasser 2–3 Min. blanchieren, eiskalt abschrecken, abtropfen lassen und mit Küchenkrepp sehr gut trocken tupfen. Die Kohlblätter auf einer Arbeitsfläche nebeneinander auslegen.

2 Für die Füllung die Schalotte und den Knoblauch schälen und fein hacken. Den Käse in eine Schüssel geben. Die Haselnüsse in einer Pfanne kurz anrösten, herausnehmen und zum Käse geben. Schalotte und Knoblauch im Olivenöl in ca. 5 Min. hellbraun dünsten, zum Käse geben und alles mit einer Gabel zerdrücken. Den Backofen auf 180° (Umluft 160°) vorheizen.

3 Die Petersilie waschen und trocken schütteln. Die Blätter abzupfen, fein schneiden und mit Thymian, Koriander, Ei, Gemüsebrühepulver und der Hälfte des geriebenen Weißbrots unter die Käsemasse mischen (Bild 1). Die Masse pfeffern, salzen und auf die Kohlblätter geben. Die Blattränder einschlagen (Bild 2), dann die Kohlblätter aufrollen und so die Füllung in die Blätter einwickeln (Bild 3).

4 Die Krautwickel mit der »Naht« nach unten in eine gebutterte Auflaufform setzen, Butter in Flöckchen und restliches geriebenes Weißbrot daraufgeben. Die Krautwickel im heißen Ofen (Mitte) 25–30 Min. garen.

» Der Teig wird noch *lockerer,*
wenn er *dünn ausgewellt* und
dann noch zweimal zusammengefaltet wird.
Natürlich ist er dann zu dick
und wird deshalb noch einmal ausgewellt.
So bekommt er den Charakter *leichten Blätterteigs.* «

lauch-quiche
mit dreierlei Käse

ZUBEREITUNGSZEIT 35 MIN.
BACKZEIT 30 MIN.
ZUTATEN FÜR 1 QUICHE- ODER SPRINGFORM MIT 26 CM Ø

TEIG

200 g **Mehl**, 80 g **Butter**
1 **Ei (Größe M)**, **Salz**

BELAG

1 Stange **Lauch** (ca. 200 g)
2 EL **Butter (+ Butter für die Form)**
80 g **Emmentaler oder Gouda**
100 g **Gruyère**, 50 g **Pecorino**
5 **Eier**
250 g **Crème fraîche**
80 g **Sahne**, **Pfeffer**
frisch geriebene Muskatnuss

1 Für den Teig Mehl, Butter, 50 ml Wasser und das Ei mit 1 Prise Salz zu einem festen, glatten Teig verkneten. Den Teig in Klarsichtfolie wickeln und mindestens 30 Min. im Kühlschrank ruhen lassen.

2 In der Zwischenzeit für den Belag den Lauch putzen, waschen und in dünne Scheiben schneiden. Die Butter in einer Pfanne erhitzen. Den Lauch darin anschwitzen. Danach etwas abkühlen lassen.

3 Emmentaler oder Gouda sowie Gruyère und Pecorino reiben und vermischen. Den Backofen auf 200° (Umluft 180°) vorheizen.

4 Den Teig dünn und rund ausrollen (s. oben). Die gefettete Quiche- oder Springform damit auskleiden, dabei einen Rand hoch ziehen.

5 Die Eier mit Crème fraîche und Sahne verquirlen, den geriebenen Käse und den Lauch untermischen und alles mit Pfeffer und Muskat abschmecken. Die Masse auf dem Teig verteilen. Die Quiche im heißen Ofen (Mitte) ca. 30 Min. backen.

1 Die blanchierten Spinatblätter auf der Arbeitsfläche ausbreiten. 2 Die Lachsmischung sollte schön glatt sein und glänzen. 3 Fischmasse vorsichtig in die mit Spinat ausgekleidete Form geben.

lachsterrine mit dillsauce

ZUBEREITUNGSZEIT 45 MIN.
GARZEIT 35–45 MIN.
ZUTATEN FÜR 1 TERRINEN- ODER KASTENKUCHENFORM MIT CA. 1,25 L INHALT

LACHSTERRINE
100 g frischer Blattspinat, Salz
400 g gut gekühltes Lachsfilet ohne Haut
1 TL gemahlener Koriander
Pfeffer
300 g gut gekühlte Sahne
Butter für die Form

DILLSAUCE
1 Bund Dill
100 g Joghurt
70 g Crème fraîche
Salz, Pfeffer

1 Den Backofen auf 180° vorheizen. Die Spinatblätter verlesen, gründlich waschen und in reichlich kochendem Salzwasser ca. 1 Min. blanchieren. Eiskalt abschrecken, gut abtropfen lassen und auf der Arbeitsfläche ausbreiten (Bild 1).

2 Das Lachsfilet in Streifen schneiden und mit Koriander, Salz und Pfeffer in einem Mixer oder mit dem Pürierstab fein zerkleinern. Dann die Sahne dazugeben und weitermixen, bis die Masse (Farce) schön glatt und homogen ist und glänzt (Bild 2). Wichtig ist, dass Fisch und Sahne gut gekühlt verarbeitet werden.

3 Die Form mit Butter ausfetten und mit den Spinatblättern auskleiden. Die Fischmasse vorsichtig daraufgeben (Bild 3) und mit Spinat abdecken.

4 Die Terrine in ein Wasserbad setzen und im heißen Backofen (Mitte, Umluft 160°) 35–45 Min. garen. Dann die Form aus dem Ofen nehmen. Die Terrine 15 Min. ruhen lassen, aus der Form nehmen und vorsichtig in Scheiben schneiden. Die Terrine kann sowohl warm als auch kalt gegessen werden.

5 Für die Sauce den Dill waschen und trocken schütteln. Die Spitzen abzupfen und hacken. Joghurt, Crème fraîche und Dill gut verrühren und mit Salz und Pfeffer abschmecken. Die Sauce zur Terrine reichen.

» Wenn ich von Butterschmalz rede,
dann meine ich damit heiße Butter, grad so lange auf dem Herd gelassen,
dass die weiße Molke sich ins Bräunliche verfärbt.
Das kann sehr schnell gehen! Deshalb sollte zum Umgießen
und Abkühlen
immer ein zweites Töpfchen parat stehen. «

zander mit schalotten-koriander-kruste und petersilienwurzelpüree

ZUBEREITUNGSZEIT 50 MIN.
ZUTATEN FÜR 2 PERSONEN

PETERSILIENWURZELPÜREE

400 g Petersilienwurzeln
1 EL Butterschmalz (s. oben)
Salz, Zucker
200 ml Gemüsebrühe
80 g Sahne, Pfeffer
frisch geriebene Muskatnuss

ZANDER

3 Schalotten, 1 Knoblauchzehe
2 EL Butterschmalz
2 Zanderfilets (à 200 g)
2 EL geriebenes Weißbrot
(ersatzweise Semmelbrösel)
Salz, Pfeffer
1 TL gemahlener Koriander
50 g weiche Butter

1 Die Petersilienwurzeln schälen und putzen. In Würfel schneiden und in 1 EL Butterschmalz andünsten. Die Petersilienwurzeln mit je 1 Prise Salz und Zucker würzen, mit Brühe und Sahne auffüllen und ca. 20 Min. zugedeckt köcheln lassen.

2 Für den Zander die Schalotten und den Knoblauch schälen und fein hacken. In einer Pfanne in 1 EL Butterschmalz anschwitzen. Die Zanderfilets mit 1 weiteren EL Butterschmalz dazugeben und von beiden Seiten in je 3 Min. hellbraun braten. Die Filets aus der Pfanne nehmen und im Backofen bei 60° warm stellen.

3 Den Backofengrill vorheizen. Die Weißbrotbrösel, 1 Prise Salz, Pfeffer und Koriander mischen und unter die Butter kneten.

4 Schalotten und Knoblauch aus der Pfanne auf den Zanderfilets verteilen, jeweils gut andrücken und die Korianderbutter obenauflegen. Die Zanderfilets unter dem heißen Grill in 2–4 Min. gratinieren, bis sie Farbe annehmen.

5 Die Petersilienwurzel im Mixer oder mit dem Pürierstab fein pürieren, mit Pfeffer und Muskat abschmecken. Die Zanderfilets mit dem Püree anrichten.

» Wollen Sie Schnecken selbst vorbereiten?
Dazu frische Weinbergschnecken gründlich waschen und
in Salzwasser insgesamt 2 Std. kochen lassen, dabei die Schnecken
alle 30 Min. in frisches, kochendes Salzwasser umfüllen.
Dann mit einer Stricknadel aus dem Häuschen pulen.
Geringelte Teile entfernen. Außerdem den dunklen Wulst
rundum mit einem kleinen Messer abschneiden
und die schwarze Haut entfernen. Präparierte Schnecken
nun mit 1/2 l Weißwein, Salz, Pfeffer und
1 Sträußchen Suppengemüse ca. 10 Min. kochen,
dann im Sud abkühlen lassen. «

schnecken nach art von vincent klink

ZUBEREITUNGSZEIT 30 MIN.
ZUTATEN FÜR 4 PERSONEN

1 Schalotte, 1 Knoblauchzehe
50 g Möhre, 50 g Knollensellerie
50 g Lauch
1 EL Butterschmalz (s. Seite 117)
50 ml trockener Weißwein
24 Weinbergschnecken mit Fond (»Helix Pomatia«, aus dem Glas oder selbst vorbereitet; s. oben)
1/8 l brauner Fond
1 Zweig Thymian
1 TL Mehlbutter (s. Seite 153)
Salz, Pfeffer

1 Die Schalotte und den Knoblauch schälen und fein schneiden. Möhre, Sellerie und Lauch putzen, waschen bzw. schälen und in feine Juliennestreifen schneiden.

2 In einem kleinen Topf die Schalotten im Butterschmalz andünsten, den Knoblauch dazugeben und mit Weißwein, ca. 100 ml Schneckenfond und braunem Fond ablöschen. Den Thymian waschen und trocken schütteln. Die Blättchen abstreifen und dazugeben. Die Flüssigkeit um die Hälfte einkochen lassen.

3 Dann die Gemüsestreifen und die Schnecken dazugeben und ca. 10 Min. bei schwacher Hitze zugedeckt köcheln lassen.

4 Das Ragout mit der Mehlbutter binden und mit Salz und Pfeffer abschmecken. Dazu passen Weißbrot oder Blätterteigfleurons.

Wer lang suppt...

... der lebt lang. Das ist eine alte schwäbische Weisheit, die auch von eingefleischten Bedenkenträgern nicht angefochten werden kann. Ohne Suppe kann man nicht leben, das behaupten auch die Russen. Und die müssen es wissen, denn das ist fast alles, was ihnen nach all den Revolutionen blieb.

Erst das Fleisch, dann das Gemüse

Suppen können kompliziert oder simpel sein. Sie haben eine lange Tradition. Ohne große Spekulation behaupte ich, dass es Suppen ab dem Zeitpunkt gab, seitdem man einen Topf konstruiert hatte. Egal aus welchem Material, irgendwann hielt er der Hitze des Feuers stand. Frech behauptet sind seither einige zigtausend Jahre vergangen. Alles flog in den Topf? So wird es nicht gewesen sein. Denn was wann hineinkommt, will gut überlegt sein. Das zäheste Fleisch wird halbwegs weich, wenn es nur lang genug erhitzt wird. Geht aber das Gemüse gleich mit an den Start, ist es matschig, bevor das Fleisch gerade mal beginnt zu garen. Ist beispielsweise der Tafelspitz nach zwei Stunden weich, gibt man Möhren und Sellerie erst dann dazu und nach 15 Minuten den Lauch und nach weiteren fünf Minuten ist der Spuk vorbei. Die zusätzliche Garzeit macht dem Fleisch nichts aus. Und das Gemüse

Portion für Portion ein Genuss – ob simpler Eintopf oder exklusive Consommé.

Beim Suppenkochen sind gute Zutaten und das richtige Timing für mich ganz wichtig.

Das Gebrodel erreicht seinen Höhepunkt – unerlässlich zum Schluss: Der Chef schmeckt ab.

hat dann einen Garzustand, dass Sie daraus noch einen Salat bereiten können. Wird es erst so spät im Topf versenkt, verflüchtigen sich seine Aromen nicht, sie sind im Topf und nicht beim Nachbarn.

Das Grundrauschen der Esskultur

Im alten Österreich waren Suppe und Suppenfleisch das Grundrauschen der Esskultur. Und es ist heute noch so. Siedfleisch und Brühe sind leicht zu bereiten, und die Küche bleibt sauber. Mühelos hat man damit seinem Haushalt einen Anker der Grundversorgung geliefert. Die Brühe wärmt, das Fleisch kann warm gegessen werden oder auch kalt mit grobem Salz aufs Brot. Rindfleischsalat ist eine in feine Streifen geschnittene Köstlichkeit. In meinem Leben spielt Wurst längst nicht die Rolle wie kaltes Suppenfleisch und kalter Braten.

Die »Wasserschnalzn«

In der Grande Cuisine sind Suppen nicht sehr en vogue. In Frankreich kann man in den berühmten Restaurants allenfalls eine Consommé ergattern. Suppen hatten lange Zeit den Geruch der Armut, der Notlösung. Deshalb findet man in alten Kochbüchern jede Menge Wassersuppen. Suppen waren schon immer der Notnagel der armen Leute. Gerhard Polt widmete mir mal eine Suppe mit dem Namen »Wasserschnalzn«. Er empfahl dieses heiße Wunderwerk als angesagte Diät für Wohlstandsbürger. Die Suppe hatte im alten Bayern eine große Tradition. Die »Gute Alte Zeit« war nie gut, sondern ist ein Nostalgie-Gequase der übelsten Sorte. Die historische Notsuppe bestand aus heißem Wasser, als Luxuszutat kam Salz hinein, dann noch etwas gebratene Zwiebel und Schmalz. In üppiger Version wurde dem Sud eine Brotscheibe beigegeben.

Der Duft des Gartens

Heute kann sich selbst der Diätbesessene sein Wohlbefinden erfreulich vielseitig besorgen:
Die schönsten Suppen sind die bunten. Um vom Fleischsaft wegzukommen, können Sie mit etwas Bio-Gemüsebrühepulver eine wohlschmeckende Basis schaffen und dann verschiedenstes Gemüse ins Gebrodel werfen. Hier gilt das gleiche wie bei der Gemüsezugabe zu Fleischbrühen: Zuerst kommen die Zutaten mit längerer Garzeit in den Topf. Wir reden hier nicht von aufgewärmten Suppen mit matschig-grauem Gemüse. Der asiatischen Küche sei es gedankt, dass – klein geschnitten und kurz gegart – auch bei uns der unverfälschte Duft des Gartens in den Topf und den Teller kommt.

schweinefilet mit kastanien gefüllt und rotkohl

ZUBEREITUNGSZEIT 55 MIN.
ZUTATEN FÜR 4 PERSONEN
300 g Rotkohl
250 ml kräftiger Rotwein
2 EL Rotweinessig
250 ml Apfelsaft
2 EL Johannisbeergelee
2 EL Preiselbeeren (aus dem Glas)
1 Msp. gemahlener Piment
1 Msp. gemahlener Koriander
1 Msp. Zimtpulver
Salz, Pfeffer
1 Schweinefilet
125 g Sahne
1 Eiswürfel
1 Ei
60 g gekochte und geschälte Esskastanien (Maronen; s. unten)
1 EL Butterschmalz (s. Seite 117)

1 Den Strunk vom Rotkohl entfernen, dann den Kohl fein hobeln. Die Kohlstreifen mit Rotwein, Rotweinessig, Apfelsaft, Johannisbeergelee, Preiselbeeren sowie Piment, Koriander und Zimt aufkochen und zugedeckt ca. 40 Min. kochen lassen, anschließend mit Salz und Pfeffer abschmecken.

2 Das Schweinefilet in 2 cm dicke Scheiben schneiden. Die Spitzen des Filets abschneiden und beiseitelegen, sie werden für das Brät verwendet. Die Filetscheiben zwischen einem Gefrierbeutel flacher klopfen.

3 Die Sahne, je 1 Prise Salz und Pfeffer, den Eiswürfel, das Ei und die Filetspitzen in einen Mixer geben und zu einer homogenen Masse (Farce) zerkleinern. Die gekochten Maronen fein hacken und unter die Masse mischen.

4 Die Brätmasse auf die Fleischscheiben streichen. Die Scheiben jeweils darüber zusammenklappen, mit Zahnstochern feststecken und mit Pfeffer und Salz würzen.

5 Die gefüllten Filetscheiben in einer Pfanne im Butterschmalz von beiden Seiten bei schwacher bis mittlerer Hitze je 4–5 Min. braten und mit dem Rotkohl servieren. Dazu passen Kartoffeln oder Kartoffelknödel.

» Landläufig werden *Kastanien* eingeritzt und im heißen Ofen so lange gegart, bis man die Schale abziehen kann. Viel einfacher und schneller geht es, wenn Sie die Kastanien kurz in kochendem Wasser *blanchieren.* 4–5 Min. genügen meistens, um die *Haut locker* und weich abheben zu können. «

» Wildschwein ist nie so zart wie Reh oder Kalb, aber umso geschmacksintensiver. Die Schnitzel dünn klopfen! Dadurch wird das zähe Bindegewebe gelockert. Das Fleisch bekommt eine größere Oberfläche und kann gut gerollt werden. «

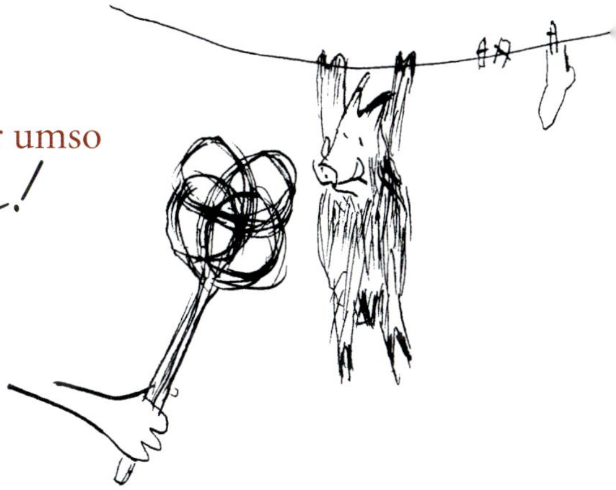

wildschweinröllchen mit pfefferpflaumen gefüllt

ZUBEREITUNGSZEIT 1 STD.
ZUTATEN FÜR 2 PERSONEN

- 6 getrocknete Pflaumen ohne Stein (Dörrpflaumen)
- 2 1/2 EL Butter
- 1/4 l Rotwein
- 1 EL Ahornsirup
- 1/2 EL Aceto balsamico
- Pfeffer
- ca. 140 ml Milch
- 3 Brötchen vom Vortag
- Salz
- 1 kleines Stück Lauch (ca. 2 cm) nach Belieben
- 1 kleine Zwiebel
- 25 g durchwachsener Räucherspeck
- 1 Ei (Größe M)
- frisch geriebene Muskatnuss
- 4 Wildschweinschnitzel (à 100 g; beim Metzger vorbestellen)
- 8 hauchdünne Scheiben luftgetrockneter Speck
- 1 EL Butterschmalz (s. Seite 117)
- Küchengarn

1 Die getrockneten Pflaumen (sehr trockene Pflaumen vorher einweichen) würfeln und in einem Topf in 1 EL Butter karamellisieren lassen. Mit 1/8 l Rotwein ablöschen, Ahornsirup und Balsamico dazugeben und mit etwas Pfeffer würzen. Alles sirupartig einkochen lassen.

2 Die Milch aufkochen. Brötchen in dünne Scheiben schneiden, in eine dicht schließende Schüssel geben und mit der heißen Milch übergießen. Schüssel verschließen, damit der Dampf das Brot optimal durchfeuchten kann. Brötchen 10–15 Min. ziehen lassen.

3 Inzwischen in einem großen Topf Salzwasser aufkochen. Den Lauch putzen, waschen und in feine Würfel schneiden. Zwiebel schälen und würfeln. Den Speck fein würfeln. Lauch, Zwiebel- und Speckwürfel in 1 EL Butter anschwitzen, dann zu den eingeweichten Brötchen geben. Das Ei dazugeben. Alles mit Salz, Pfeffer und Muskat würzen und gut mischen. Ist die Masse zu trocken, noch etwas Milch dazugeben. Aus der Masse kleine Knödel formen und diese in siedendem Salzwasser in 10–15 Min. gar ziehen lassen.

4 Den Backofen auf 180° (Umluft 160°) vorheizen. Die Wildschweinschnitzel flacher klopfen (am besten in einem Gefrierbeutel), mit Salz und Pfeffer würzen, mit den Pflaumen bestreichen und aufrollen. Die Rouladen mit den Speckscheiben umwickeln, mit Küchengarn fixieren und in einer Pfanne im Butterschmalz sanft von allen Seiten anbraten. Rouladen im heißen Ofen (Mitte) weitere 5 Min. garen und anschließend 10 Min. im ausgeschalteten Ofen ruhen lassen. Den Bratensaft mit restlichem Rotwein ablöschen, kurz einkochen lassen und mit 1 TL Butter binden. Die Röllchen mit der Sauce und den kleinen Semmelknödeln servieren.

chateaubriand mit pomodori secchi

ZUBEREITUNGSZEIT 30 MIN.
ZUTATEN FÜR 2 PERSONEN

- 2–3 getrocknete Tomaten (s. unten)
- 4 Schalotten, 1 Knoblauchzehe
- 3 Stangen Staudensellerie
- 1 Filetkopf vom Rind (Chateaubriand; ca. 300 g)
- grober Pfeffer, Salz
- 1 EL Olivenöl
- 1/4 l Fleischbrühe
- 1/4 l Madeira
- 1–2 EL kleine schwarze Oliven ohne Stein
- Basilikumblätter zum Garnieren

1 Die Tomaten würfeln und in kochendem Wasser ca. 4 Min. blanchieren und abtropfen lassen. Die Schalotten schälen und grob würfeln. Den Knoblauch schälen und anquetschen. Den Sellerie putzen, waschen und würfeln.

2 Das Fleisch quer zur Faser einschneiden und flacher klopfen, sodass man ein 3–4 cm hohes, rechteckiges Bratenstück erhält. Das Fleisch pfeffern, salzen und in einer Kasserolle im Olivenöl von allen Seiten hellbraun anbraten. Schalotten, Sellerie und Knoblauch dazugeben. Mit Brühe und Madeira ablöschen, die Tomatenwürfel und Oliven dazugeben und alles ca. 15 Min. zugedeckt bei schwacher bis mittlerer Hitze garen.

3 Das Fleisch herausnehmen, in Scheiben schneiden und auf einer vorgewärmten Platte anrichten. Die Sauce nach Belieben bei starker Hitze noch etwas einkochen lassen, das Fleisch damit umgießen. Mit den Basilikumblättern bestreut servieren. Dazu passt Kartoffelgratin.

» *Getrocknete Tomaten* können Sie auch sehr gut selbst herstellen:
Frische Tomaten häuten und gut ausdrücken.
Ein *Backblech* mit Olivenöl bepinseln. Die Tomaten darauflegen
und im Ofen bei 100 Grad *1 Stunde trocknen* lassen.
Die Tomaten sind dann noch recht feucht,
haben aber ihr *Aroma verdoppelt.* «

» Den Bratensatz im Topf immer wieder mit etwas Marinade lösen, den Braten aber keinesfalls mit der Marinade auffüllen! Während des Schmorens sollte der Fond im Topf höchstens fingerhoch sein. Gießt man – wie es meist geschieht – halbvoll mit Flüssigkeit auf, so bekommt man statt Sauerbraten Siedfleisch in brauner Brühe. «

schwäbischer sauerbraten

ZUBEREITUNGSZEIT 2 STD. 30 MIN.
MARINIERZEIT
MINDESTENS 1–2 TAGE
ZUTATEN FÜR 4 PERSONEN

- 2 Zwiebeln
- 1 Gewürznelke
- 1 TL Pimentkörner
- 1 TL getrocknete Wacholderbeeren
- 1 TL Pfefferkörner
- 2 Lorbeerblätter
- 1 l Rotwein
- 1/8 l Weinessig
- 1 kg Rindfleisch (aus der Schulter)
- 1 Möhre
- Salz, Pfeffer
- 2 EL Butterschmalz (s. Seite 117)
- 1 TL Mehlbutter (s. Seite 153)

1 Für die Marinade 1 Zwiebel schälen und in feine Scheiben schneiden. Gewürznelke, Piment, Wacholder und Pfeffer in einem Mörser leicht zerstoßen. Gewürzmischung mit Zwiebelscheiben, Lorbeer, Rotwein und Essig in eine Schale geben und zu einer Marinade mischen. Das Fleisch dazugeben, dicht abdecken (sodass zwischen Folie und Fleisch keine Luftblasen sind) und im Kühlschrank mindestens 1–2 Tage ziehen lassen.

2 Dann die restliche Zwiebel und die Möhre schälen und in grobe Würfel schneiden. Das Fleisch aus der Marinade nehmen, mit Küchenkrepp abtupfen und mit Salz und Pfeffer würzen. Die Marinade durch ein Sieb passieren und aufbewahren.

3 Das Fleisch in einem Schmortopf von allen Seiten im Butterschmalz kräftig anbraten. Zwiebel und Möhre dazugeben, kurz mitbraten. Mit etwas Marinade ablöschen, sodass die Flüssigkeit ca. 1 cm hoch im Topf steht und der Bratensatz gelöst wird. Fleisch zugedeckt bei schwacher Hitze 1 1/2–2 Std. schmoren. Dabei immer wieder etwas Marinade angießen, es sollte während des Schmorens aber immer nur ca. 1 cm hoch Flüssigkeit im Topf sein. Der Braten ist fertig, wenn sich eine Fleischgabel leicht hineinstechen und sanft wieder herausziehen lässt.

4 Den gegarten Braten aus dem Topf nehmen und im Backofen bei 60° warm stellen. Die Sauce entweder durch ein Sieb passieren oder mit dem Pürierstab fein pürieren. Sauce mit Salz und Pfeffer abschmecken und nach Belieben mit der Mehlbutter andicken. Den Braten aufschneiden und mit der Sauce servieren. Dazu passen Spätzle.

1 Abgekühltes Fleisch in großen Stücken vom Knochen lösen. 2 Das Fleisch wieder zusammenfügen, dabei in die Mitte etwas von der Füllung drücken. 3 Alles in das Schweinenetz einwickeln.

ochsenschwanz mit steinpilzfüllung

ZUBEREITUNGSZEIT 3 STD.
ZUTATEN FÜR 4 PERSONEN

1 Zwiebel, 1 Knoblauchzehe
1 Bund Suppengemüse (Sellerie, Möhre, Lauch)
4 große, dicke Stücke Ochsenschwanz (ca. 1 kg)
1 EL Olivenöl
Salz, grob gemahlener Pfeffer
5 Pimentkörner
1 Gewürznelke
1 Lorbeerblatt
1 l Fleischbrühe
10 g getrocknete Steinpilze
ca. 1/8 l Milch
1 Brötchen vom Vortag
1 Schalotte
1 EL Räucherspeckwürfel
1 EL Butter
2–3 EL fein geschnittene glatte Petersilie
1 Ei (Größe M)
frisch geriebene Muskatnuss
1/4 l kräftiger Rotwein
1 TL Mehlbutter (s. Seite 153)
Schweinenetz

1 Den Backofen auf 180° vorheizen. Zwiebel und Knoblauch schälen und grob hacken. Das Suppengemüse putzen, waschen bzw. schälen und grob zerkleinern.

2 Die Ochsenschwanzstücke in einer Kasserolle im Olivenöl bei starker Hitze rundum anbraten. Salzen, pfeffern und im heißen Ofen (Mitte, Umluft 160°) offen mindestens 2 1/2 Std. schmoren lassen, dabei nach 30 Min. Schmorzeit Suppengemüse, Zwiebel, Knoblauch und die Gewürze dazugeben und das Fleisch immer wieder mit etwas Fleischbrühe ablöschen.

3 Inzwischen für die Füllung die getrocknete Steinpilze in Wasser einweichen lassen. 1/8 l Milch aufkochen lassen. Brötchen in hauchdünne Scheiben schneiden, in eine dicht schließende Schüssel geben und mit der heißen Milch übergießen. Schüssel verschließen, damit der Dampf das Brot optimal durchfeuchten kann. Brötchen 10–15 Min. ziehen lassen. Schalotte schälen und hacken.

4 Steinpilze ausdrücken und klein schneiden. Speck in 1 TL Butter anschwenken, dann mit Pilzen, Petersilie, Schalotte, Ei und Brötchenmasse gut vermischen. Ist die Masse zu trocken, noch etwas Milch dazugeben. (Die Füllung sollte allerdings stückige Struktur haben). Füllung mit 1 Prise Muskat, Pfeffer und Salz abschmecken.

5 Ochsenschwanz aus der Kasserolle nehmen, wenn sich das Fleisch leicht vom Knochen lösen lässt. Das Fleisch auskühlen lassen. Den Bratensatz mit dem Rotwein vom Topfboden losköcheln. Die Sauce passieren und mit der Mehlbutter binden.

6 Das Fleisch in möglichst großen Stücken vom Knochen lösen (Bild 1). Fleisch jeweils auf 1 Stück Schweinenetz setzen und wieder zusammenfügen, dabei in die Mitte etwas von der Füllung drücken (Bild 2). Alles in das Schweinenetz einwickeln (Bild 3). Päckchen nochmals kurz in restlicher Butter anbraten, dann für 15 Min. in den heißen Ofen schieben. Herausnehmen, mit der Sauce servieren. Dazu passt ein Allerlei aus Wurzelgemüse.

» Prächtige Preisrammler sind der Stolz der Kaninchenzüchter. Als Köchin oder Koch sollte man sich vor ihnen fürchten. Ihr Fleisch ist strohig und trocken. Die Tiere sollten aber auch nicht zu klein sein, sonst hat man ein Gericht für Zahnlose in der Kasserolle. «

kaninchen in rotwein

ZUBEREITUNGSZEIT 1 STD. 10 MIN.
ZUTATEN FÜR 4 Personen

- 1 großes Bund Suppengemüse (Möhre, Knollensellerie, Lauch)
- 2 Zwiebeln
- 2 Knoblauchzehen
- 1 Zweig Rosmarin
- 1 EL Butterschmalz (s. Seite 117)
- 1 Kaninchen (ca. 1,2 kg; vom Händler in 6–8 Stücke teilen lassen)
- Salz, Pfeffer
- 1/2 l Fleischbrühe
- 1/4 l Rotwein
- 1 TL Mehlbutter (s. Seite 153)

1 Das Suppengemüse putzen, waschen bzw. schälen und klein würfeln. Die Zwiebeln schälen und grob hacken. Knoblauchzehen schälen und mit dem Messerrücken grob zerdrücken. Rosmarin waschen und trocken schütteln.

2 Zwiebeln in einer großen Kasserolle im Butterschmalz anschwitzen. Die Kaninchenteile mit Salz und Pfeffer würzen und in ca. 5 Min. rundum im Butterschmalz goldbraun anbraten, dann herausnehmen.

3 Das Suppengemüse in die Kasserolle geben und kurz darin anrösten, dann Knoblauch, Rosmarin und Kaninchenteile dazugeben. Mit etwas Fleischbrühe und 1 Schuss Rotwein ablöschen. Kaninchenteile zugedeckt 30–40 Min. bei mittlerer Hitze schmoren lassen, dabei immer wieder Fleischbrühe und Rotwein nachgießen.

4 Nach der Garzeit das Fleisch herausnehmen. Die Sauce nach Belieben durch ein Sieb passieren, aufkochen und nach Wunsch noch etwas einkochen lassen. Die Sauce mit der Mehlbutter binden und mit Salz und Pfeffer abschmecken. Das Kaninchen mit der Sauce anrichten. Dazu passen breite Butternudeln oder Spätzle.

wachteln mit granatapfelsauce

ZUBEREITUNGSZEIT 45 MIN.
ZUTATEN FÜR 2 PERSONEN

1 Granatapfel
1 EL Grenadinesirup nach Belieben
1 Schalotte
1/2 Bio-Zitrone
4 küchenfertige Wachteln
Salz, Pfeffer
1 1/2 EL Butterschmalz (s. Seite 117)
1/8 l Weißwein
1/8 l Fleischbrühe
1 EL kalte Butter

1 Den Granatapfel rundum mit einem spitzen Messer einritzen und in der Mitte auseinanderbrechen (nicht schneiden). Die Kerne herauslösen und mit Grenadinesirup benetzen. Die Schalotte schälen und fein hacken.

2 Die Zitronenhälfte waschen und abtrocknen. 1 Msp. Schale abreiben, den Saft auspressen. Den Backofen auf 180° (Umluft 160°) vorheizen.

3 Die Wachteln waschen und trocken tupfen. Am Brustbein auseinanderschneiden und flacher drücken. Die Wachteln salzen, pfeffern und in 1 EL Butterschmalz rundum anbraten, dann im heißen Ofen (Mitte) ca. 10 Min. weitergaren lassen. Anschließend im ausgeschalteten Backofen warm stellen.

4 Die Schalotten in der Pfanne im restlichen Butterschmalz andünsten, Wein und Brühe angießen. Die Zitronenschale und 1 TL Saft untermischen. Die Flüssigkeit um die Hälfte einkochen lassen. Die Grantapfelkerne einstreuen. Die Butter einrühren und die Sauce damit binden. Mit Salz und Pfeffer abschmecken.

5 Die Wachteln entbeinen (s. unten), Brust und Keulen abtrennen. Die Wachteln mit der Sauce anrichten. Dazu passt Mandelreis.

» Wachteln lassen sich ganz einfach entbeinen:
links und rechts der Brust vom Hals bis zum Bürzel
lange Schnitte machen,
das Fleisch vom Brustknochen wegdrücken,
mit einem kleinen Messer nachhelfen. Fertig!
Die Keulchen werden so nach hinten umgeknickt,
dass der Oberschenkelknochen
auskugelt und sichtbar wird. Nun die Keulchen einfach abziehen. «

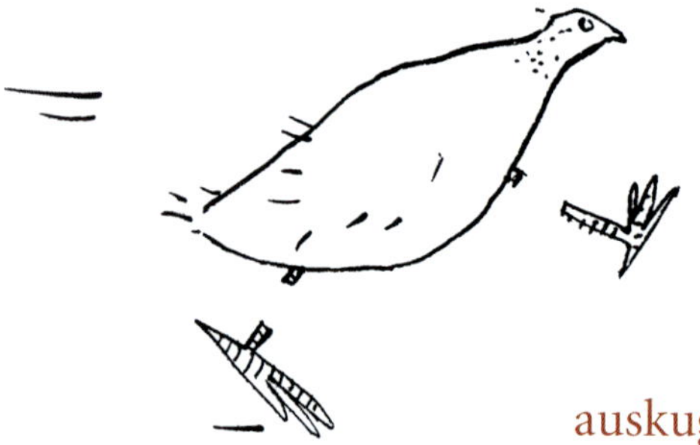

» Wirklich gut sind Kaktusfeigen erst, wenn sie auf leichten Druck nachgeben. Die Früchte können Sie natürlich auch roh essen. Oder aber der eigenen Kreativität freien Lauf lassen. Geben Sie beispielsweise an den Salat noch etwas fein gehackte Chilischote! «

salat von kaktusfeige, minze und marsala

ZUBEREITUNGSZEIT 30 MIN.
KÜHLZEIT MINDESTENS 1 STD.
ZUTATEN FÜR 2 PERSONEN

4 **Kaktusfeigen**
2–3 EL **Grenadinesirup**
2 Stängel **frische Minze**
1/8 l **Marsala (Süßwein)**
Vanilleeis oder -sahne zum Servieren

1 Sind die Kaktusfeigen nicht entstachelt, dann Handschuhe anziehen und die Stacheln mit dem Messerrücken abhobeln. Die Feigen unter fließendem Wasser waschen und abtrocknen. Die Enden abschneiden. Die Schale längs einschneiden und mit der Messerspitze abziehen. Das Fruchtfleisch in Scheiben schneiden.

2 Den Grenadinesirup in eine Pfanne geben und erhitzen. Die Feigen darin kurz erwärmen, dann die Scheiben umdrehen. Die Pfanne vom Herd ziehen und die Feigen darin noch ca. 10 Min. ziehen lassen.

3 Inzwischen die Minze waschen und trocken schütteln. Die Blätter abzupfen und in feine Streifen schneiden. Die Kaktusfeigen mit Marsala und Minze mischen und im Kühlschrank mindestens 1 Std. durchkühlen lassen.

4 Den Kaktusfeigensalat anrichten und mit Vanilleeis oder Vanillesahne servieren.

topfenpalatschinken

ZUBEREITUNGSZEIT 45 MIN.
EINWEICHZEIT ÜBER NACHT
BACK- UND RUHEZEIT 25 MIN.
ZUTATEN FÜR 4 PERSONEN

- 2 EL **Rosinen**
- 3 EL **Weißwein**
- 125 g **Mehl**
- 3/8 l **Milch**
- 6 **Eier (Größe M)**
- 100 g **Zucker**
- **Salz**
- ca. 70 g **weiche Butter (+ Butter zum Ausbacken und für die Form)**
- 1 **Vanilleschote**
- 1/2 TL **abgeriebene Zitronenschale**
- 100 g **Magerquark oder Schichtkäse (Topfen)**
- 70 g **saure Sahne**

1 Die Rosinen über Nacht im Wein einweichen.

2 Dann für den Pfannkuchenteig Mehl, 1/8 l Milch, 2 Eier, 1 TL Zucker und 1 Prise Salz mit dem Handrührgerät vermischen. 20 g Butter schmelzen lassen und zum Schluss unter den Teig arbeiten. Falls nötig, noch etwas Milch unterrühren. In einer Pfanne portionsweise Butter erhitzen und darin nach und nach 4–6 Pfannkuchen ausbacken. Den Backofen auf 160° (Umluft 150°) vorheizen.

3 Die Vanilleschote auskratzen. 50 g weiche Butter mit Zitronenschale, Vanillemark und 2 EL Zucker vermischen. 2 Eier trennen. Die Eigelbe mit Quark und saurer Sahne locker unter die Buttermasse schlagen. Die Eiweiße steif schlagen, 1 Prise Salz und 2 EL Zucker untermischen und die Masse zusammen mit den eingeweichten Rosinen unter die Quarkmasse heben.

4 Pfannkuchen mit der Quarkmasse bestreichen und aufrollen. Die gefüllten Pfannkuchen in eine gefettete Auflaufform schichten. Die restlichen beiden Eier mit der übrigen Milch und dem restlichen Zucker verquirlen und über die Pfannkuchen gießen.

5 Die Palatschinken ca. 10 Min. im heißen Ofen (Mitte) backen. Dann den Ofen ausschalten und die Palatschinken noch ca. 15 Min. bei geöffneter Ofentür ziehen lassen.

» Das ist *mein Leibgericht*, mehr kann ich dazu gar nicht sagen. Nur dies eine noch: Auch wenn es schief geht und der Palatschinken *unansehnlich* ist, er *schmeckt immer*. «

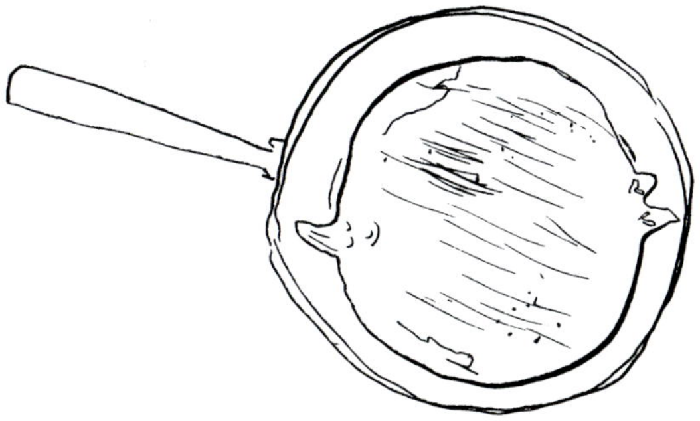

Heimat kann man zubereiten

Hinter der Liebe zum Regionalen steckt oft die Sehnsucht nach unzerstörter Natur, nach Bodenständigkeit, Verlässlichkeit und Werten der Vergangenheit. Heimat ist das Gegenteil von Fremde, ist soziale Anbindung und damit einhergehend das Vertraute. Man wird gekannt und wahrgenommen, und man kennt die anderen.
Die Heimat kann man sich aber auch richten, sogar zubereiten. Ein Stammlokal und eine gute Wirtin können sehr dazu beitragen, dass man sich einwurzelt. Dazu gehört auch unabdingbar das Essen.
Klar, regionales Essen befriedigt Urbedürfnisse der Geborgenheit. Ein Schleswig-Holsteiner, dem man in Stuttgart ein Sauerfleisch bereitet, den hat man als Freund. Na jedenfalls, wenn nicht alles anbrennt. Meine Eltern fühlten sich in jungen Jahren am Strand von Rimini nur wohl, wenn es in der Nähe des Campingplatzes auch eine Schnitzelbude gab. Die »happy family« riskierte dann irgendwann mal ein Spaghettigericht, aber bitte genauso weich wie die Spätzle zuhause. Das war in der Fremde der Rettungsanker für Nestwärme.

In den Töpfen mancher Gourmetköche brodelt der Zeitgeist oft wild und ungebremst.

Natürlich können die traditionellen regionalen Gerichte auch modern gekocht werden.

Klassiker wie Sauerbraten oder Maultaschen sollte man aber in Ruhe lassen.

Mit flauem Gefühl

Man rettet sich gerne in sichere Nischen, zu seinen Wurzeln. »Back to the roots« ist ein allgegenwärtiger Slogan, der auch seine Tücken hat. Denn der Begriff Heimat birgt auch seine Gefahren. Was wurde nicht alles im Namen des völkischen Gedankens, durch Blut-und-Boden-Irrsinn für Unglück angerichtet! Der unbefangene Stolz auf die deutsche Heimat mag so manchmal kaum gelingen.
So empfinde ich die Vermarktung des Regionalen mit flauem Gefühl. Was soll der Volksliedwahnsinn, das sinnentleerte Brauchtum und all die Heimat von der Stange. Auf diesem Ticket kann man auch als Koch gut reisen und ganz gut verdienen. Die Speisekartenprosa solch kulinarischer Schurkerei hat mich schon oft aus Dorfwirtshäusern vertrieben.

»Herrgottsb'scheißerle« und Zeitgeist

Es geht auch anders. Es gibt handwerklich gute Regionalküche, und sie ist für unsere Identität nicht unerheblich. Es gibt vieles, auf das wir stolz sein können, Traditionelles und Modernes. Ja, Regionalgerichte können auch modern gekocht sein, ohne dass man sie auf dem Altar des Zeitgeists opfert. Allerdings sind klassische Regionalgerichte aus den Töpfen der Gourmetköche schnell dem Zeitgeist angepasst. Die Restaurantkritik begrüßt das, denn sie braucht was zum Schreiben und deshalb ständig etwas Neues. Warum soll man – bleiben wir bei der Maultasche – ein solches »Herrgottsb'scheißerle« nicht mit Hummer und Ingwer füllen? Nichts dagegen, aber dann ist es halt keine Maultasche mehr. Wäre es nicht angebrachter, von Hummer im Nudelteig zu sprechen? Ein Cappuccino ist ein Cappuccino, und ein Cappuccino von Jakobsmuscheln kann wunderbar sein, ein Cappuccino ist aber trotzdem etwas anderes. Klassiker wie den Sauerbraten, die Maultasche oder den Cappuccino sollte man in Ruhe lassen.

Madeira-Cappuccino?

Warum benennt man modernisiert-veränderte Regionalgerichte nicht mit den richtigen Bezeichnungen? Was hat ein Ochsenschwanzragout dem Koch Schlimmes angetan, dass er es in einem Madeira-Cappuccino versenken muss? Zugegeben: Es gibt deutsche Gerichte, wie beispielsweise den Eintopf, die sind so geschunden worden, dass man einen perfekt gekochten Eintopf vielleicht doch lieber »Pot au feu« nennt.

Heimat heute

Der Regionalbegriff ist heute ein anderer als ehedem. Wir leben nicht mehr in einer nach außen verriegelten Kultur, sondern sind von Nachbarn und Zuwanderern beeinflusst. So kann mir meine italienische Kneipe weit mehr Heimat bedeuten als alle schwäbischen Päckchensaucen-Kneipen zusammen.

Meine Küche

im Winter

feldsalat mit gebratener geflügelleber

ZUBEREITUNGSZEIT 35 MIN.
ZUTATEN FÜR 3–4 PERSONEN

- 300 g **Feldsalat**
- 1/2 Bund **Schnittlauch**
- 3 **Scheiben Toastbrot**
- 25 g **durchwachsener Räucherspeck**
- 2 EL **Olivenöl**
- 1 **zimmerwarmes, sehr frisches Eigelb**
- 1 EL **Weißwein**
- 1 TL **scharfer Senf**
- 1 EL **Essig**
- 1/8 l **Distelöl**
- **Salz, Pfeffer**
- 1/2–1 Bund **frischer Majoran**
- 200 g **Geflügelleber**

1 Den Feldsalat putzen, waschen und trocken schleudern. Schnittlauch waschen, trocken schütteln und in feine Röllchen schneiden. Rinde vom Toastbrot entfernen. Das Brot und den Speck würfeln und in 1 EL Olivenöl bei starker Hitze knusprig braten. Brot- und Speckwürfel eventuell leicht salzen und beiseitestellen.

2 Das Eigelb in eine Schüssel geben und mit dem Schneebesen langsam verrühren. Weißwein, Senf und Essig dazugeben und gut unterrühren. Nun in sehr dünnem Strahl das Distelöl dazulaufen lassen und dabei kräftig rühren, bis eine Mayonnaise entsteht. Den Schnittlauch untermischen. Die Sauce mit Salz und Pfeffer abschmecken. Den Feldsalat damit anmachen und auf Teller geben.

3 Den Majoran waschen und trocken schütteln. Die Blättchen abzupfen. Die Geflügelleber waschen, trocken tupfen und die Hautfetzen entfernen. Leber würfeln und im restlichen Olivenöl ca. 3 Min. anbraten. Mit Pfeffer und Salz würzen und den Majoran darüberstreuen. Leberwürfel und Speck-Brotwürfel auf den Feldsalat geben und sofort servieren.

» Feldsalat heißt im Badischen *Nüsslesalat.* Der Begriff ist treffend: Guter Feldsalat hat nicht so große Blätter wie die landauf, landab üblichen *Hasenohren.* Bevorzugen Sie beim Einkauf feste, *kleinblättrige Ware.* «

» Einmal war ich im September in meinem türkischen Feinkostladen, um Walnüsse zu kaufen. Der Chef sagte mir, das ginge jetzt nicht, die neue Ernte käme erst im November. Mich traf fast der Schlag. Seither weiß ich, warum Walnüsse oft leicht ranzig schmecken: Sie sind vom letzten Jahr. «

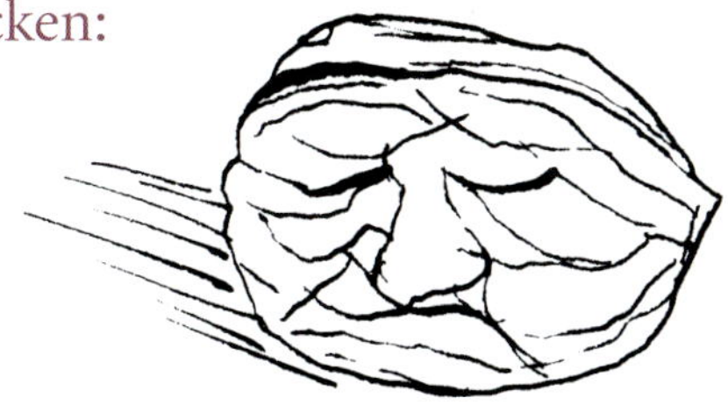

krautsalat mit walnüssen

ZUBEREITUNGSZEIT 35 MIN.
ZUTATEN FÜR 4 PERSONEN

- 1 frisches, zimmerwarmes Eigelb oder 1 Ei (Größe M)
- 1 EL Weißwein
- 1/2 TL scharfer Senf
- 1 TL Essig
- ca. 1/8 l Öl
- 1 TL Kapern (+ Kapernfond)
- Salz, Pfeffer
- 1/2 Kopf Weißkohl
- 1 Schalotte
- 1/2 Stange Zitronengras
- 50 g Walnusskerne
- 1/2 Bund glatte Petersilie
- 70 g Sahne

1 Eigelb oder Ei in eine Schüssel geben und mit dem Schneebesen langsam verrühren. Weißwein, Senf und den Essig dazugeben und gut unterrühren. Nun in sehr dünnem Strahl 1/8 l Öl dazulaufen lassen und dabei kräftig rühren, bis eine Mayonnaise entsteht. Die Kapern nach Belieben hacken und dazugeben. Die Mayonnaise mit Salz und Pfeffer und eventuell etwas Kapernfond abschmecken.

2 Den Weißkohl putzen, dabei den Strunk herausschneiden. Den Kohl in feine Streifen schneiden oder hobeln. Die Kohlstreifen in einer Pfanne in 1 EL Öl kurz andünsten. Den Kohl abkühlen lassen, dann mit der Mayonnaise vermischen.

3 Die Schalotte schälen und fein hacken. Äußere Blätter beim Zitronengras entfernen, den dickeren unteren Teil fein schneiden. Die Nüsse hacken. Die Petersilie waschen und trocken schütteln. Die Blätter abzupfen und hacken. Die Sahne schlagen.

4 Vor dem Anrichten die gehackten Nüsse, Schalotte, Petersilie und fein geschnittenes Zitronengras zum Krautsalat geben. Abschmecken und die Schlagsahne unterziehen.

topinambursuppe
mit panierten käsewürfeln

ZUBEREITUNGSZEIT 45 MIN.
ZUTATEN FÜR 2 PERSONEN

250 g **Topinambur**
1 **Zwiebel**
1 EL **Butter**, 1/2 l **Milch**
1/4 l **Gemüsebrühe**
100 g **Bergkäse**
1–2 EL **Mehl**
1 **Ei (Größe M)**
2–3 EL **Semmelbrösel**
Salz, Pfeffer
frisch geriebene Muskatnuss
4–6 Stängel **glatte Petersilie**
Olivenöl zum Frittieren

1 Den Topinambur schälen und in feine Scheiben schneiden. Die Zwiebel schälen, in Würfel schneiden und in einem kleinen Topf in der Butter anschwitzen. Den Topinambur kurz mitdünsten. Milch und Brühe angießen, aufkochen lassen und alles ca. 20 Min. zugedeckt kochen lassen.

2 In der Zwischenzeit den Käse in 2 cm große Würfel schneiden. Die Würfel in Mehl wenden, durch das verquirlte Ei ziehen und in den Semmelbröseln wenden.

3 Wenn der Topinambur weich ist, die Suppe pürieren und mit Salz, Pfeffer und Muskat würzen. Petersilie waschen und trocken schütteln. Die Blätter hacken und untermischen.

4 Das Olivenöl zum Frittieren in einer hohen Pfanne sehr stark erhitzen. Die panierten Käsewürfel darin in 3–5 Min. goldbraun frittieren. Die Suppe in Tellern anrichten und die Käsewürfel daraufgeben.

» *Topinamburwurzeln* haben einen *erdig-süßlichen* Geschmack. Das Rezept ist ziemlich rein gehalten. Topinambur verträgt zudem exotische Gewürze, Schärfe und auch etwas Säure. Sie können *immer wieder variieren.* «

» Es muss nicht unbedingt Räucherlachs sein. Auch mit einer *geräucherten Forelle,* die man zuvor im Ofen gewärmt hat, schmecken die *Croûtons vorzüglich.* «

selleriecremesuppe mit lachscroûtons

ZUBEREITUNGSZEIT 30 MIN.
ZUTATEN FÜR 4 PERSONEN

- 400 g **Sellerie**
- 1 EL **Zitronensaft**
- 1 EL **Butter**
- 4 Scheiben **Kastenweißbrot**
- 2 EL **Olivenöl**
- 4–6 Scheiben **Räucherlachs**
- 3/4 l **Hühnerbrühe**
- 2 EL **Madeira**
- **Salz, Pfeffer**
- 30 g **Sahne**

1 Den Sellerie waschen, schälen, in kleine Stücke schneiden und sofort mit etwas Zitronensaft beträufeln. In einem Topf in der Butter kurz anschwitzen, wenig Wasser dazugeben und den Sellerie zugedeckt in 10–15 Min. weich dämpfen. Anschließend mit dem Pürierstab oder im Mixer sehr fein pürieren.

2 Die Brotscheiben entrinden und in einer Pfanne im Olivenöl von beiden Seiten bei mittlerer bis starker Hitze braun rösten. 2 Scheiben mit dem Lachs belegen und die beiden anderen Brotscheiben darüberlegen.

3 Die Hühnerbrühe bis auf 2 EL erhitzen, dann langsam unter Rühren zum Selleriepüree gießen und zum Kochen bringen, dabei ständig mit dem Schneebesen weiterrühren.

4 Den Madeira und die restliche Hühnerbrühe dazugeben, die Suppe mit Salz und Pfeffer abschmecken. Die Sahne schlagen und untermischen. Die belegen Brote in Würfel schneiden und als Einlage zur Suppe geben. Die Suppe sofort servieren.

blutwurst mit sauren linsen

ZUBEREITUNGSZEIT 45 MIN.
EINWEICHZEIT MINDESTENS 5 STD.
ZUTATEN FÜR 2 PERSONEN

- 200 g kleine Linsen
- 2 Schalotten
- 1 Knoblauchzehe
- 1 kleine Möhre
- 1/4 Knollensellerie
- 2 EL Butter
- 1 TL Tomatenmark
- ca. 1/4 l Rotwein
- ca. 1/4 l Gemüsebrühe
- 3 EL Weinessig
- 1 TL Mehlbutter (s. unten)
- 1 EL fein geschnittene glatte Petersilie
- Salz, Pfeffer
- 2 Zwiebeln
- 1 EL Butterschmalz (s. Seite 117)
- 250 g feste Blutwurst (Schwarzwurst)
- Mehl zum Wenden

1 Linsen waschen und ca. 5 Std. oder länger (s. Seite 104) in reichlich Wasser einweichen.

2 Die Schalotten und den Knoblauch schälen und in feine Würfel schneiden. Möhre und Sellerie schälen, putzen und ebenfalls fein würfeln. Schalotten und Knoblauch in einem Topf in 1 EL Butter anrösten, das Tomatenmark dazugeben und mitrösten, bis es dunkel wird. Dann die Linsen dazugeben.

3 Je 1/4 l Rotwein und Gemüsebrühe angießen und alles ca. 20 Min. köcheln lassen. Das fein gewürfelte Gemüse dazugeben und weitere 5 Min. köcheln lassen. Essig untermischen und das Linsengemüse mit der Mehlbutter binden. Die geschnittene Petersilie untermischen. Das Gemüse mit Salz und Pfeffer abschmecken.

4 Die Zwiebeln schälen, in feine Scheiben schneiden und in einer Pfanne im Butterschmalz goldbraun rösten. Die restliche Butter in einer zweiten Pfanne erhitzen. Die Blutwurst in 1 cm dicke Scheiben schneiden, in Mehl wenden und in der Butter von beiden Seiten je ca. 1 Min. scharf anbraten.

5 Das Linsengemüse auf Tellern anrichten, die Blutwurstscheiben und die Zwiebelringe daraufgeben und servieren.

» Hier kommt *Mehlbutter* zum Einsatz! Dafür in einem Töpfchen Butter schmelzen und mit derselben Menge Mehl zu einem Brei verrühren. Das ist *viel bequemer*, als kalte Butter mit Mehl zu kneten, bis man Muskelkater hat. «

Vom echten Geschmack

Geht es um unverfälschten Wohlgeschmack, fällt gerne das Wörtchen »deftig«. Da läuft den meisten schon das Wasser im Mund zusammen. Im Kopf bilden sich herrliche Gebirge von Speck, Braten, krossen Enten oder Rehkeulen in viel Sauce. Die Lust ist groß, die Reue lang. Solches Essen ist folgenschwer. Es mag daran liegen, dass wir Germanen gerne übertreiben. Und da häufig alles totaler als total ausfallen soll, kommt es gerne zum Overkill. Wenn etwas wirklich gut schmeckt, will man mehr. Das ist völlig normal und mir selbst sehr geläufig.

Die Lust und ihr Preis

Mit meinem Freund Wiglaf saß ich in einer sehr guten Weinstube in Stuttgart und aß Sauerbraten mit Spätzle. Es kamen drei Scheiben, und sie waren köstlich. Nach der zweiten hätte ich eigentlich aufhören müssen. Doch ich habe nun mal die Gene des Germanen in mir, also stopfte ich alles in mich rein. Die Lust war groß und wurde auch gut befriedigt. Doch nachts kam die Reue, als ich mich im Bett wälzte und der gespannte Ranzen sich anfühlte, als wäre ich mit Beton ausgegossen.
Wir kennen sie alle, die Nachwehen der schweren Küche, den Neid auf die mediterrane Lebensweise und den missgünstigen Blick auf die »bella figura« der Südländer. Ist es die Sonne oder das Essen oder beides? In Wahrheit sind mediterrane Gerichte, all die Pasta, Pizzen, das viele Olivenöl usw. gar nicht so leicht, doch im Süden isst man disziplinierter.

Mein Vorschlag zur leichteren Bekömmlichkeit: gut kauen und die Menge halbieren.

Wir Germanen übertreiben's: Deutsche Unersättlichkeit hat viele alte Gerichte in Verruf gebracht.

Intensiver Genuss: Im Grunde genommen ist alles deftig, was gut schmeckt.

Unverzichtbare Butter

Bei einem berühmten italienischen Koch aß ich einmal einen Risotto und war seitdem von dem Gericht verzaubert. Der Maestro verweigerte mir nach der sehr kleinen Portion einen Nachschlag. Das war ein Affront. Ich sah das aber dann doch ein, als er mir die Rezeptur verriet und vom ausgewogenen Einrühren der Butter berichtete: »Ich nehme fast genauso viel Butter, wie ich Reis verwende.«

»Butter, Butter, Butter!«, pflegte schon Fernand Pont zu rufen, der Lehrmeister von Paul Bocuse. In der Spitzenküche ist Butter unverzichtbar für das Binden von Saucen. Wenn man allerdings den deutschen Drang zu literweise Sauce in Betracht zieht, die deutsche Sehnsucht nach Koma und Nachschlag ins Kalkül zieht und wenn man sich vor Augen hält, dass ein oder zwei Esslöffel köstlichen Risottos uns nie reichen würde, dann ist im Grunde genommen alles deftig, was gut schmeckt. Deutsche Unersättlichkeit hat deshalb viele alte Gerichte in Verruf gebracht.

Kraft der Aromen statt Kalorien

Das Gegenteil von deftig und schwer, was ja auch intensiv bedeutet, wäre leicht oder sphärisch, wie wir das häufig aus der Diätküche kennen. Bei Gerichten mit asiatischer Anmutung haben wir meist ähnliche Kalorienzahlen wie bei Diätgerichten, aber es wirken die Kraft der Aromen, exotischer Gewürze und Gaumenreize des Süßen und Sauren, und das oft vereint in einem Gericht. Solche Speisen enthalten meist kein Fleisch und schon gar nicht in so kompakter Form, wie wir es bei Schmorbraten antreffen. Allein schon die geschnetzelte Form der asiatischen Gerichte machen diese leichter verdaulich.

Nicht versäumen möchte ich, die Unbekömmlichkeit des von mir schwer und lang zu verdauenden Sauerbratens nicht dem Fleisch zuzuschieben, sondern den großen Brocken, die ich in die Futterluke schob. Es geht also nicht unbedingt darum, die intensiven Gerichte der deutschen Regionalküche dem heutigen Lifestyle anzupassen, sondern vielleicht wäre es eine gute Idee, dass wir uns den Gerichten anpassen. Alles was an alten Gerichten zur leichteren Bekömmlichkeit manipuliert wird, macht diese fad. Also her mit dem gegrillten Schweinebauch und dann so gegessen, wie wir asiatische Speisen zu uns nehmen. Es muss nicht mit Essstäbchen sein, aber alles sollte gut gekaut und vielleicht die Menge halbiert werden. Schnell wäre die deftige deutsche Küche über jeden Mordverdacht erhaben. Letztlich verhalten wir uns bei herzhaften Gerichten genauso wie unsere Vorfahren. Sind es die Gene? Mag sein. Wer sich nicht vom deutschen Reinstopfen befreien kann, sollte sich vielleicht wieder eine Holzheizung zulegen und jeden Tag Holz hacken. Also genau das tun, was unsere Vorfahren so gesund und resistent gegen deutsches Essen machte.

» Sie können die gegarten Knödel auch abkühlen lassen, in dicke Scheiben schneiden und in Butter goldbraun braten. «

leberknödel auf sauerkraut

ZUBEREITUNGSZEIT 50 MIN.
RUHEZEIT 30 MIN.
ZUTATEN FÜR 4 PERSONEN

LEBERKNÖDEL

- 2 Zwiebeln
- 1 Knoblauchzehe
- 1 EL Butterschmalz (s. Seite 117)
- ca. 150 ml Milch
- 2 Brötchen vom Vortag
- 150 g Kalbs- oder Schweineleber
- 1 TL getrockneter Majoran
- Salz, Pfeffer
- 2 Eier (Größe M)
- 1 l Fleischbrühe

SAUERKRAUT

- 2 Schalotten
- 1 EL Butter
- 1/4 l trockener Weißwein
- 250 g frisches Sauerkraut
- 1 TL Bio-Gemüsebrühepulver
- 1 Lorbeerblatt
- 1 TL Wacholderbeeren
- Pfeffer, Salz

1 Für die Knödel Zwiebeln und Knoblauch schälen und fein schneiden. In einer Pfanne im Butterschmalz anschwitzen und abkühlen lassen.

2 Die Milch aufkochen lassen. Die Brötchen in hauchdünne Scheiben schneiden, in eine dicht schließende Schüssel geben und mit der heißen Milch übergießen.

3 Die Leber mit Zwiebeln, Knoblauch und dem Majoran durch den Fleischwolf drehen. Die Masse mit Salz und Pfeffer würzen und mit den Brötchen und den Eiern locker vermengen. Die Masse sollte nicht ganz homogen sein. Die Schüssel verschließen und die Masse 30 Min. ziehen lassen.

4 Für das Sauerkraut die Schalotten schälen, in Würfel schneiden und in der Butter bei schwacher Hitze glasig dünsten. Mit Wein ablöschen. Sauerkraut, Brühepulver, Lorbeerblatt und Wacholderbeeren dazugeben.

5 Das Kraut mit etwas Pfeffer würzen und zugedeckt ca.15 Min. bei mittlerer Hitze kochen lassen, bis die Flüssigkeit restlos verdampft ist. Falls nötig, dann den Deckel abnehmen und bei starker Hitze die restliche Flüssigkeit einkochen lassen. Das Sauerkraut mit Salz und Pfeffer abschmecken und das Lorbeerblatt herausnehmen.

6 Inzwischen für die Leberknödel in einem großen Topf die Fleischbrühe aufkochen lassen. Aus der Lebermasse mit den Händen 10–12 Knödel formen und in der Brühe bei schwacher Hitze in 10–15 Min. gar ziehen lassen. Die Knödel herausnehmen und mit dem Sauerkraut servieren.

kas-press-knödel mit endiviensalat

ZUBEREITUNGSZEIT 45 MIN.
ZUTATEN FÜR 2 PERSONEN

KNÖDEL UND SAUCE

ca. 1/8 l Milch
4 Brötchen vom Vortag
1 Zwiebel
1/2 Bund glatte Petersilie
100 g Bergkäse
3–4 EL Butter
2 Eier (Größe M)
Salz, Pfeffer,
1 Prise frisch geriebene Muskatnuss
1 Schalotte
1 EL Mehl
1/8 l Gemüsebrühe
125 g saure Sahne

SALAT

1 Endiviensalat
4 EL Sonnenblumenöl
2 EL Essig
1 TL Senf
1 Prise Zucker
Salz, Pfeffer

1 1/8 l Milch aufkochen lassen. Die Brötchen in hauchdünne Scheiben schneiden, in eine dicht schließende Schüssel geben und mit der heißen Milch übergießen. Die Schüssel verschließen, damit der Dampf das Brot optimal durchfeuchten kann. Die Brötchenscheiben 10–15 Min. ziehen lassen.

2 Inzwischen die Zwiebel schälen und in Würfel schneiden. Die Petersilie waschen und trocken schütteln. Die Blätter abzupfen und fein schneiden. Den Käse würfeln. Die Zwiebelwürfel in einer Pfanne in 1 EL Butter anschwitzen und mit der Petersilie und dem Käse zur Brotmasse geben. Dann die Eier untermischen. Alles gut vermischen und mit Salz, Pfeffer und Muskat abschmecken. Ist die Masse zu trocken, noch etwas Milch untermengen. Aus der Masse kleine frikadellenartige Knödel formen.

3 Für die Sauce die Schalotte schälen, würfeln und in 1 EL Butter anschwitzen, mit Mehl bestäuben und mit Gemüsebrühe und saurer Sahne aufgießen. Alles mit dem Schneebesen glatt rühren und ca. 5 Min. unter Rühren kochen lassen. Mit Salz, Pfeffer und Muskat würzen.

4 Für den Salat die Salatblätter waschen, trocken schleudern, büschelweise aufeinanderlegen und in schmale Streifen schneiden. Öl, Essig, Senf, Zucker, Salz und Pfeffer zu einem Dressing verrühren. Den Salat damit anmachen.

5 Die Kas-Press-Knödel in einer Pfanne in der restlichen Butter bei schwacher Hitze in 4–6 Min. ausbacken und mit der Sauerrahmsauce und dem Salat anrichten.

» Die Kas-Press-Knödel habe ich im *Salzburger Land* kennengelernt. Der Name klingt nicht vertrauenerweckend, aber ich sage es laut: Sie sind einfach ein *wunderbares Gericht!* «

sauerkrautkuchen

ZUBEREITUNGSZEIT 40 MIN.
KÜHLZEIT 1 STD.
BACKZEIT INSGESAMT 45 MIN.
ZUTATEN FÜR 1 SPRINGFORM MIT 26 CM Ø

TEIG

- 150 g Magerquark oder Schichtkäse
- 150–200 g Mehl (+ Mehl für die Arbeitsfläche)
- 150 g Butter (+ Butter für die Form)
- Salz
- getrocknete Hülsenfrüchte und Backpapier zum Blindbacken

BELAG

- 3 Zwiebeln, 1 Knoblauchzehe
- 1 EL Butter
- 300 g frisches Sauerkraut (s. unten)
- 5 Eier (Größe M), 200 g Sahne
- 1 EL Bio-Gemüsebrühepulver
- Pfeffer, Salz
- 1 TL grob gemahlener Kümmel
- frisch geriebene Muskatnuss

1 Für den Mürbeteig Quark abtropfen lassen und mit 150 g Mehl, Butter und 1 Prise Salz auf ein Backbrett geben. Alles mit einem großen Messer vermischen und durchhacken, dann schnell mit den Händen zu einem glatten Teig kneten. (Durch zu langes Kneten kann der Teig durch die Wärme der Hände weich und fettig werden). Falls der Teig zu feucht ist, noch etwas Mehl unterkneten. Den Teig zu einer Kugel formen, in Folie wickeln und 1 Std. kalt stellen.

2 Den Backofen auf 200° (Umluft nicht geeignet) vorheizen. Den Teig auf einer bemehlten Arbeitsfläche ca. 1 cm dick ausrollen, halbieren und übereinanderlegen. Den Teig nochmals ausrollen, wieder übereinanderfalten und anschließend dünn ausrollen.

3 Die gefettete Form mit dem Mürbeteig auslegen. Backpapier auf den Teig legen und mit Hülsenfrüchten beschweren. Den Teig im heißen Ofen (Mitte) ca. 15 Min. blindbacken, dann aus dem Ofen nehmen und Papier und Hülsenfrüchte entfernen.

4 Inzwischen für den Belag die Zwiebeln und den Knoblauch schälen, in feine Würfel schneiden und in einer Pfanne in Butter anschwitzen. Zwiebel- und Knoblauchwürfel in eine Schüssel umfüllen und mit Sauerkraut, Eiern, Sahne, Gemüsebrühepulver, je 1 TL Pfeffer, Salz, Kümmel und 1 Prise Muskat gut vermischen.

5 Die Belagmasse auf den vorgebackenen Teig geben und den Sauerkrautkuchen im heißen Backofen (Mitte) weitere 30 Min. backen.

» *Sauerkraut* gibt es auch in der Dose, aber man sollte die Finger davon lassen. Kraut, frisch *aus dem Fass* und möglichst vom Bio-Laden, ist ungleich frischer und auch eleganter. «

» Kochen Sie nur so viel Rosenkohl, wie gleich gegessen wird. Alle Kohlsorten, die wieder *aufgewärmt* werden, sind weniger bekömmlich. Mag sein, dass der eine oder andere das Aroma von wieder aufgewärmtem Kohl liebt. Mich lässt das immer an mein Internat denken. Für mich hat es etwas von *Knastgeruch*. «

saiblingsfilet auf rosenkohl-kastanien-gemüse

ZUBEREITUNGSZEIT 35 MIN.
ZUTATEN FÜR 4 PERSONEN

- 2 **Saiblinge (wenn möglich vom Händler filetieren und Gräten entfernen lassen)**
- 400 g **Rosenkohl, Salz**
- 1 EL **Butter**
- 1/2 TL **Zucker**
- 250 g **gekochte und geschälte Esskastanien (Maronen; s. Seite 122)**
- 100 ml **Gemüsebrühe**
- 2 EL **Sahne, Pfeffer**
- 1 EL **Butterschmalz (s. Seite 117)**

1 Die Saiblinge ggf. filetieren und die Gräten entfernen. Die Fischfilets beiseitestellen.

2 Den Rosenkohl putzen und waschen. Die Röschen am Strunk kreuzförmig einschneiden. In reichlich kochendem Salzwasser ca. 8 Min. blanchieren und eiskalt abschrecken.

3 Dann Butter und Zucker in einem Topf erhitzen. Die Kastanien darin kurz anschwitzen. Den Rosenkohl dazugeben und gut untermengen. Die Brühe angießen und alles so lange im offenen Topf garen, bis die gesamte Flüssigkeit verkocht ist. Die Sahne untermischen und das Gemüse mit Salz und Pfeffer abschmecken.

4 Die Fischfilets rundum mit Salz und Pfeffer würzen und in einer Pfanne mit Butterschmalz von beiden Seiten je ca. 2 Min. braten. Die Fischfilets mit dem Gemüse anrichten und servieren.

reh-maultäschle auf linsensauce

ZUBEREITUNGSZEIT 2 STD.
EINWEICHZEIT MINDESTENS 2 STD.
ZUTATEN FÜR 4 PERSONEN

1 Teig zwischen den Füllungen mit verquirltem Eigelb bepinseln. 2 Eine zweite Teigplatte darüberlegen. 3 Maultäschle ausschneiden.

TEIG

150 g Mehl, 30 g Hartweizenmehl (aus dem italienischen Feinkostladen; ersatzweise Mehl)
3 Eigelbe, 1 Ei (Größe M)
1 TL Olivenöl
Salz
1 EL fein geschnittene Petersilie
1 Eigelb zum Bestreichen

FÜLLUNG

100 g Rehfleisch (Schulter)
20 g durchwachsener Räucherspeck
1/8 l Milch
1 Brötchen vom Vortag
100 g Spinat, Salz
1 Zwiebel, 1 EL Butter
1 Ei (Größe M)
2 EL fein geschnittene Petersilie
Pfeffer
3–4 zerstoßene Wacholderbeeren
frisch geriebene Muskatnuss

LINSENSAUCE

100 g Berglinsen
2 Zwiebeln
1 Knoblauchzehe, 2 Möhren
1 EL Butter
ca. 1/4 l kräftiger Rotwein
1/4 l Fleischbrühe
1 kleine Kartoffel
1/2 Bund Thymian
1/2 Bund glatte Petersilie
1 kleine Tomate
2 EL Essig
Salz, Pfeffer
frisch geriebene Muskatnuss

1 Die Linsen für die Sauce 2 Std. oder länger (s. Seite 104) in Wasser einweichen.

2 Den Nudelteig zubereiten wie auf Seite 77 beschrieben. Zusätzlich Petersilie unterkneten. Teig in Frischhaltefolie wickeln und ca. 30–60 Min. im Kühlschrank ruhen lassen.

3 Inzwischen für die Füllung das Rehfleisch sehr fein schneiden oder durch den Fleischwolf drehen. Speck sehr fein würfeln. Milch erhitzen. Brötchen würfeln, mit der Milch übergießen und einweichen lassen. Spinat putzen, waschen und in reichlich kochendem Salzwasser ca. 1 Min. blanchieren. Eiskalt abschrecken, gut ausdrücken und fein schneiden. Die Zwiebel schälen, würfeln, in der Butter anrösten und in eine Schüssel geben. Die Brötchen ausdrücken und mit Rehhackfleisch, Speck, Spinat, Ei und Petersilie dazugeben. Alles mit Pfeffer, Salz, Wacholder und Muskat würzen und gut durchkneten, damit die Füllung eine Bindung bekommt.

4 Für die Linsensauce Zwiebeln, Knoblauch und Möhren schälen und würfeln. Zwiebeln und Knoblauch in der Butter anrösten, Möhren und eingeweichte Linsen dazugeben. Knapp 1/4 l Rotwein und die Brühe angießen. Die Kartoffel schälen und in die Linsen reiben. Alles ca. 30 Min. kochen lassen, bis die Linsen weich sind. Inzwischen Thymian und Petersilie waschen und trocken schütteln. Blättchen abstreifen bzw. hacken. Tomate waschen und ohne den Stielansatz würfeln und zum Schluss mit Thymian, Petersilie und Essig untermischen. Alles aufkochen und so viel Rotwein dazugießen, dass die Sauce eine sämig-flüssige Konsistenz hat. Die Sauce mit Salz, Pfeffer und Muskat abschmecken.

5 Inzwischen mit einer Nudelmaschine oder einem Nudelholz den Teig zu dünnen Platten ausrollen. Eine Teigplatte im Abstand von ca. 5 cm jeweils mit 1 TL Füllung belegen. Freie Teigfläche zwischen den Füllungen mit verquirltem Eigelb bepinseln (Bild 1). Eine zweite Teigplatte darüberlegen (Bild 2) und gut andrücken, Füllung flach drücken. Maultaschen ausschneiden (Bild 3) und zum Servieren ca. 10 Min. in leicht kochendem Salzwasser garen. Die Reh-Maultäschle auf der Linsensauce anrichten.

hasenrücken mit pfefferbirnen

ZUBEREITUNGSZEIT 1 STD. 20 MIN.
ZUTATEN FÜR 2 PERSONEN

HASENRÜCKEN

1 Hasenrücken ohne Haut (wenn möglich vom Händler entbeinen, Knochen klein hacken lassen)
1 Bund Suppengemüse (Möhre, Knollensellerie, Lauch)
25 g durchwachsener Räucherspeck
2 EL Butterschmalz (s. Seite 117)
200 ml Fleischbrühe, 1 TL Essig
4 Wacholderbeeren
1 Msp. gemahlener Koriander
1 Lorbeerblatt
1 EL Preiselbeeren (aus dem Glas)
150 ml Rotwein
1 TL Mehlbutter (s. Seite 153)
Salz, Pfeffer

PFEFFERBIRNEN

2 reife Birnen
2 EL Butter
1 EL brauner Rohrzucker
1 EL Apfelessig
1/8 l Cream Sherry (süßer Sherry)
1 TL grob gemahlener Pfeffer

1 Den Hasenrücken ggf. entbeinen, die Knochen klein hacken. Das Suppengemüse putzen, waschen bzw. schälen und zerkleinern. Den Speck fein würfeln. Die Knochen mit den Gemüse- und Speckwürfeln in 1 EL Butterschmalz hellbraun rösten. Mit der Brühe ablöschen. Die Brühe um die Hälfte einköcheln lassen.

2 Essig, Wacholderbeeren, Koriander, Lorbeerblatt und Preiselbeeren in die Brühe geben. Das Ganze weitere 5 Min. kochen lassen, dann durch ein Sieb passieren. Beim Passieren den Rotwein über die Knochen im Sieb gießen. Die Rotweinsauce nochmals aufkochen und etwas einköcheln lassen. Die Sauce mit der Mehlbutter binden und mit Salz und Pfeffer abschmecken.

3 Für die Pfefferbirnen die Birnen schälen, entkernen, vom Kerngehäuse befreien und in Würfel schneiden. Die Würfel in der Butter anbraten, den Zucker dazugeben und alles karamellisieren lassen. Essig, Sherry und den grob gemahlenen Pfeffer dazugeben. Die Flüssigkeit so lange einkochen lassen, bis die Birnen von Sirup umgeben sind.

4 Die Hasenrückenstränge pfeffern und salzen und von allen Seiten in einer Pfanne in restlichem Butterschmalz je nach Dicke 8–10 Min. braten und herausnehmen. Die Sauce in einen Topf geben und aufkochen.

5 Die Rückenstränge in die Sauce legen und noch 4–5 Min. köcheln lassen, dann mit der Sauce und den Pfefferbirnen auf einer vorgewärmten Platte anrichten. Dazu passen Nudeln oder Spätzle.

» Ich verwende grundsätzlich *nur schwarzen Pfeffer*. Ich bin überzeugt, dass dieser das intensivere *Aroma* hat. Selbst bei hellen Saucen sind mir die schwarzen Pünktchen egal. «

» Ist noch Füllung übrig? Daraus kleine Knödel formen und in kochendem Salzwasser ca. 15 Min. gar ziehen lassen. «

gefüllte kalbsbrust

ZUBEREITUNGSZEIT 1 STD.
GARZEIT 1 STD. 40 MIN.
ZUTATEN FÜR 4 PERSONEN

- 1 Msp. Kardamom
- 1 Msp. Muskatblüte (ersatzweise geriebene Muskatnuss)
- 1 TL Pimentkörner
- 1 Gewürznelke
- 1 TL Pfefferkörner
- 1/2 TL Korianderkörner
- 2 Schalotten
- 1 Knoblauchzehe
- 2 EL Butterschmalz (s. Seite 117)
- 150 ml Milch
- 1/2 Toastbrot bzw. Kastenweißbrot (ca. 250 g)
- 3 Eier (Größe M)
- 50 g frische Gänseleber
- 1 TL getrockneter Thymian
- Salz
- 1 kg Kalbsbrust ohne Rippenhaut (vom Metzger eine große Tasche einschneiden lassen)
- Pfeffer
- 1 Bund Suppengemüse (Möhre, Knollensellerie, Lauch)
- 1 EL kalte Butter
- Küchengarn

1 Kardamom, Muskatblüte, Piment, Nelke, Pfeffer und Koriander in einem Mörser zu einer Gewürzmischung fein zerstoßen.

2 Für die Füllung die Schalotten und den Knoblauch schälen, in feine Würfel schneiden und in einem kleinen Topf in 1 EL Butterschmalz anschwitzen. Die Milch dazugeben und erhitzen. Das Toastbrot würfeln, in eine Schüssel geben und mit der Milchmischung übergießen. Die Eier dazugeben und alles vermengen.

3 Die Gänseleber in sehr feine Würfel schneiden und mit zur Brotmasse geben. Den getrockneten Thymian und 1–2 TL von der Gewürzmischung ebenfalls untermischen. Die Füllung mit Salz abschmecken.

4 Die Masse locker in die Kalbsbrust füllen. Die Kalbsbrust mit Küchengarn zunähen und mit Salz und Pfeffer würzen. Den Backofen auf 180° vorheizen. Das Suppengemüse putzen, waschen bzw. schälen und zerkleinern.

5 Die Kalbsbrust in einer Kasserolle im restlichen Butterschmalz von allen Seiten anbraten, dann das Suppengemüse dazugeben. Kalbsbrust im heißen Ofen (Mitte, Umluft 160°) ca. 1 Std. 40 Min. weitergaren, dabei immer wieder mit etwas Wasser ablöschen.

6 Die Sauce mit dem Suppengemüse aus der Kasserolle in ein Töpfchen geben. Den Backofen ausschalten. Die Kalbsbrust im ausgeschalteten Ofen bei offener Tür noch 15 Min. ziehen lassen. Inzwischen das Fett von der Sauce abschöpfen. Die Sauce nach Belieben mit Butter binden und mit Salz und Pfeffer abschmecken.

7 Die Kalbsbrust aufschneiden und mit der Sauce servieren. Dazu passt ein mit Brühe angemachter Kartoffelsalat.

biopoularde im salzmantel

ZUBEREITUNGSZEIT 40 MIN.
GARZEIT 1 STD.
ZUTATEN FÜR 4 PERSONEN

SALZKRUSTE
2 kg grobes Meersalz
3 Eiweiße
1 EL getrockneter Thymian
1 EL Pfefferkörner

POULARDE
1 Zwiebel, 1 Bund Thymian
1 Bund Petersilie
1 küchenfertige Biopoularde (ca. 1,6 kg)
1–2 EL Olivenöl
grob gemahlener Pfeffer
2 Scheiben Brot
Küchengarn

1 Den Backofen auf 220° vorheizen. Für die Kruste das Salz mit Eiweißen, Thymian und Pfefferkörnern gut vermengen. Der Teig sollte ziemlich trocken sein. Binnen 5 Min. wird er durch die Luftfeuchtigkeit automatisch feuchter.

2 Für die Poularde die Zwiebel schälen und in grobe Würfel schneiden. Thymian und Petersilie waschen und trocken schütteln. Die Blätter abzupfen bzw. abstreifen. Die Poularde waschen, trocken tupfen, mit Olivenöl einreiben, pfeffern und mit der Hälfte der Thymianblättchen bestreuen. Die Bauchhöhle mit Zwiebel, Petersilie und restlichem Thymian füllen und mit Küchengarn zunähen.

3 Die Brotscheiben nebeneinander auf ein Backblech legen. Das Huhn daraufsetzen und mit dem Salzteig umhüllen.

4 Das Huhn im Salzteig im heißen Ofen (2. Schiene von unten, Umluft 200°) ca. 1 Std. garen. Herausnehmen und 10 Min. ruhen lassen. Dann die Salzkruste vorsichtig aufhämmern. Die Poularde sorgsam abfegen, z. B. mit einem Küchenpinsel, und tranchieren. Das Brot entfernen. Zur Poularde passen sehr gut Salsa verde, Salzkartoffeln und Möhrengemüse.

» Der *Salzpanzer* wirkt wie ein Wärmespeicher. Wer bei der Garzeit unsicher ist, nimmt das Huhn nach 1 Std. heraus und umwickelt den Salzpanzer mit *Aluminiumfolie.* So zieht der Vogel bei Niedertemperatur nach und kann getrost 20 Min. so gelagert werden: Er wird *umso saftiger.* «

gebratene ente mit béchamel-kastanien

ZUBEREITUNGSZEIT 1 STD. 30 MIN.
ZUTATEN FÜR 2 PERSONEN

- 2 Zwiebeln
- 1 Knoblauchzehe
- 1/4 Knollensellerie
- 50 g getrocknete Aprikosen
- 1 junge Barbarie-Ente (s. unten)
- Salz, Pfeffer
- 1 EL Tomatenmark
- 1/2 TL schwarze Pfefferkörner
- 1/4 l Rotwein
- 1/4 l Gemüsebrühe
- 1 TL Mehlbutter (s. Seite 153)
- 250 g Esskastanien (Maronen)
- 1 Schalotte
- 1 EL Butter
- 1 EL Mehl
- 1/4 l Milch
- 1/2 Bund glatte Petersilie
- 1 Prise frisch geriebene Muskatnuss

1 Den Backofen auf 200° (Umluft 180°) vorheizen. Zwiebeln und Knoblauch schälen und würfeln. Knollensellerie putzen, schälen und würfeln. Aprikosen vierteln. Die Ente in Stücke teilen, dabei die Brüste und Keulen trennen. Alle Stücke gut mit Salz und Pfeffer würzen und in einer Kasserolle auf der Hautseite bei schwacher Hitze anbraten. Wenn das Fett beginnt auszuschwitzen, die Fleischstücke drehen und Zwiebeln und Sellerie dazugeben. Dann Knoblauch, Tomatenmark und Aprikosen hinzufügen. Pfefferkörner leicht zerdrücken und untermischen. Alles gut anbraten und mit etwas Rotwein und Gemüsebrühe ablöschen.

2 Die Ente im heißen Ofen (Mitte) ca. 20 Min. weitergaren, dabei immer wieder mit Rotwein und Gemüsebrühe ablöschen. Die Brüste herausnehmen und die Keulen noch 10–15 Min. weitergaren (s. unten). Dann auch die Keulen herausnehmen. Den in der Kasserolle entstandenen Fond entfetten, mit etwas Mehlbutter binden und mit Salz und Pfeffer abschmecken.

3 Während die Ente gart, die Kastanien kreuzweise über der Spitze einritzen und ca. 4 Min. in kochendes Salzwasser geben. Dann das Wasser abschütten. Die Kastanien mit lauwarmem Wasser bedecken und nach und nach schälen, dabei auch die braune Haut unter der Schale entfernen.

4 Für die Béchamelsauce die Schalotte schälen, würfeln und in einem Topf in der Butter anschwitzen, mit dem Mehl bestäuben und mit der Milch aufgießen. Alles schnell mit einem Schneebesen glatt rühren und 3 Min. unter Rühren kochen lassen. Die geschälten Kastanien dazugeben und bei schwacher Hitze in 5–10 Min. weich kochen lassen.

5 Inzwischen die Petersilie waschen und trocken schütteln. Die Blätter hacken und untermischen. Béchamel-Kastanien mit Salz, Pfeffer und Muskat abschmecken. Die Entenstücke anrichten, mit der Sauce beträufeln und mit den Béchamel-Kastanien servieren.

» Die Garzeit bezieht sich auf eine *rosa gebratene* Ente. Dafür sind übrigens fast nur *französische Entenrassen* geeignet. Die deutsche Bauernente muss durchgebraten werden, also mindestens 1 Std. im Ofen garen. «

» Gesurt ist ein Wort aus dem Bayerischen.
Es bedeutet nichts anderes als gepökelt.
Hier kommt es auf den guten Metzger an,
dass die Spanferkelschulter nicht zu salzig wird. «

innviertler surbratl mit rettichsalat

ZUBEREITUNGSZEIT 2 STD.
ZUTATEN FÜR 4 PERSONEN

SURBRATEN

1 Bund Suppengemüse (Möhre, Knollensellerie, Lauch)
2 Zwiebeln, 1 Knoblauchzehe
2 Tomaten
1 kg leicht gepökelte Spanferkelschulter (ohne Knochen; beim Metzger vorbestellen; ersatzweise Schäufele)
Pfeffer, 1 EL Butterschmalz
1 EL Tomatenmark
1 TL Mehlbutter (s. Seite 153)

SALAT

1 Rettich
1/2 Bund Schnittlauch
knapp 80 ml Weißwein
1 Spritzer Zitronensaft
3 EL Olivenöl
Salz, Pfeffer
Sojasauce nach Belieben

1 Suppengemüse putzen, waschen bzw. schälen und zerkleinern. Zwiebeln schälen und grob würfeln. Knoblauch schälen. Tomaten waschen und ohne die Stielansätze würfeln.

2 Das Fleisch pfeffern und in einer Kasserolle in Butterschmalz rundum anbraten. Das Gemüse, die Zwiebeln und den Knoblauch dazugeben und goldbraun rösten. Das Tomatenmark untermischen. Die Tomaten dazugeben und alles erst dann mit etwas Wasser ablöschen, wenn die Tomaten schon fast verkocht sind.

3 Das Fleisch zugedeckt bei schwacher Hitze ca. 1 1/2 Std. schmoren lassen. Dabei immer wieder etwas Wasser angießen und so den Bratensatz lösen. Es sollte während des Schmorens aber immer nur ca. 1 cm hoch Flüssigkeit im Topf sein.

4 Das Fleisch herausnehmen, wenn es weich ist. Die Sauce durch ein Sieb passieren, mit der Mehlbutter binden und mit Pfeffer abschmecken. (Sollte die Sauce zu salzig sein, Sauce mit Wasser verdünnen. Zusätzlich 1 Kartoffel schälen, in die Sauce reiben und kurz mitkochen lassen.)

5 Inzwischen für den Salat den Rettich putzen, falls nötig schälen und in dünne Scheiben hobeln. Den Schnittlauch waschen und in Röllchen schneiden. Weißwein, Zitronensaft und Olivenöl mit Salz und Pfeffer verrühren. Nach Wunsch auch noch 1 Spritzer Sojasauce unterrühren. Den Schnittlauch untermischen. Die Sauce abschmecken und die Rettichscheiben damit marinieren.

6 Den Braten aufschneiden und mit der Sauce und dem Rettichsalat servieren.

provenzalischer lammbraten mit bohnen-tomaten-pot-au-feu

ZUBEREITUNGSZEIT 2 STD. 20 MIN.
EINWEICHZEIT ÜBER NACHT
ZUTATEN FÜR 4 PERSONEN

LAMMBRATEN

200 g Schalotten, 1 Knoblauchzehe
2 EL Olivenöl
150 g schwarze Oliven ohne Stein
60 g getrocknete Tomaten in Öl
1/2 Bund Thymian
1 Zweig Rosmarin
3 EL Semmelbrösel
1,3 kg Lammschulter oder -keule (mit Knochen; vom Metzger entbeinen, Knochen klein hacken lassen)
Salz, Pfeffer, 2 Zwiebeln
1 Bund Suppengemüse (Möhre, Knollensellerie, Lauch)
3 Tomaten, 1/8 l Rotwein
1/4 l Fleischbrühe
1 EL kalte Butter
Küchengarn

BOHNEN-TOMATEN-POT-AU-FEU

1 Tasse getrocknete Bohnen
1 Zwiebel, 1 Knoblauchzehe
2 Tomaten, 1 EL Olivenöl
1 EL Tomatenmark
3/4 l Gemüsebrühe
1 Zweig Rosmarin
1 EL Aceto balsamico
Salz, Pfeffer

1 Für das Pot-au-feu die Bohnen in reichlich Wasser (ca. 5 Tassen) über Nacht einweichen.

2 Für den Braten Schalotten und Knoblauch schälen, hacken und in 1 EL Öl anschwitzen. Oliven fein hacken und dazugeben. Alles in eine Schüssel umfüllen. Getrocknete Tomaten fein hacken. Kräuter waschen und trocken schütteln. Blättchen bzw. Nadeln abstreifen, hacken und mit den Semmelbröseln und den Tomaten unter die Schalotten mischen.

3 Das Lammfleisch flach ausbreiten, salzen und pfeffern. Dicke Stellen flacher klopfen. Die Oliven-Mischung auf dem Fleisch verteilen. Das Fleisch zusammenrollen, mit Küchengarn binden und außen salzen und pfeffern. Die Zwiebeln schälen und grob würfeln. Das Suppengemüse putzen, waschen bzw. schälen und zerkleinern. Die frischen Tomaten überbrühen, häuten und ohne die Stielansätze würfeln.

4 Den Backofen auf 160° (Umluft nicht geeignet) vorheizen. In einer Kasserolle die Lammknochen im restlichen Öl anrösten, das Lammfleisch dazugeben und von allen Seiten anbraten. Dann Zwiebeln und Suppengemüse mit anbraten. Das Fleisch mit Rotwein ablöschen und im heißen Ofen (Mitte) insgesamt ca. 1 1/2 Std. schmoren, dabei immer wieder mit etwas Fleischbrühe begießen und wenden. Nach 30 Min. die Tomaten dazugeben. Das Fleisch ist gar, wenn sich eine lange Fleischgabel leicht hineinstechen und sanft wieder herausziehen lässt.

5 Während das Fleisch schmort, für das Pot-au-feu Zwiebel und Knoblauch schälen und würfeln. Tomaten waschen und ohne die Stielansätze würfeln. Zwiebel in Olivenöl anschwitzen, Knoblauch und Tomatenmark dazugeben. Die Bohnen abgießen und mit den Tomaten dazugeben. Brühe angießen und alles 1–1 1/2 Std. zugedeckt leicht kochen lassen. 5 Min. vor Ende der Garzeit Rosmarin waschen und dazulegen. Balsamico unterrühren. Eintopf mit Salz und Pfeffer würzen. Wenn er noch zu flüssig ist, Flüssigkeit offen einkochen lassen.

6 Das Fleisch herausnehmen, die Sauce nach Belieben passieren und mit kalter Butter binden. Das Fleisch zum Pot-au-feu servieren.

» Kräuter der Provence duften nach *Urlaub*. Wichtig ist dabei: Sie dürfen getrocknet, aber maximal *ein Jahr alt* sein. «

» Am Saft erkennt man die Qualität von Zitrusfrüchten kaum; entscheidend ist die Schale. Sie muss duften und darf nicht behandelt sein. Mein Tipp: Bio-Ware verlangen und sich nicht abspeisen lassen! Und noch eins: Zum Kochen benötige ich den Duft der Schalen viel häufiger als den Saft. «

karamellisierte orangen

ZUBEREITUNGSZEIT 20 MIN.
ZUTATEN FÜR 2 PERSONEN
2 Orangen
4 EL Butter
1 EL Zucker
1/4 l frisch gepresster Orangensaft
2 cl Grand Marnier

1 Die Orangen großzügig schälen, sodass auch die weiße Haut entfernt wird, und quer in daumendicke Scheiben schneiden. Die Scheiben in einer Pfanne bei starker Hitze von beiden Seiten in 2 EL Butter anbraten. Den Zucker darüberstreuen und braun karamellisieren lassen. Die Orangenscheiben aus der Pfanne nehmen.

2 Orangensaft und Grand Marnier in die Pfanne geben, aufkochen und um die Hälfte einkochen lassen. Sauce mit der restlichen Butter binden und mit den Orangen servieren.

limetten-joghurt-sorbet

ZUBEREITUNGSZEIT 10 MIN.
KÜHLZEIT 4 STD.
ZUTATEN FÜR 4 PERSONEN
2 Bio-Limetten
250 g Quark (40 % Fett i. Tr.)
250 g Joghurt
150 ml Milch
90 g Puderzucker

1 1 Limette waschen und abtrocknen. Schale abreiben. Beide Limetten auspressen. Die Schale und den Saft mit Quark, Joghurt, Milch und Puderzucker im Mixer glatt pürieren oder mit dem Handrührgerät sehr gut verrühren.

2 Die Mischung in einer Metallschüssel im Tiefkühlfach in ca. 4 Std. tiefgefrieren, dabei während der ersten Stunde immer wieder umrühren, dann durchfrieren lassen. Zum Servieren das gefrorene Sorbet mit einem Löffel als Schnee herauskratzen. Das Sorbet kann im Glas, mit Sekt aufgefüllt, serviert werden.

» Den Mohn unbedingt *frisch mahlen!*
Denn schon nach einigen Stunden duftet gemahlener Mohn
nicht mehr, sondern *oxidiert* und schmeckt ranzig.
Kommt man erst am nächsten Tag dazu,
den Strudel zu backen, hilft *ein Trick:*
den gemahlenen Mohn in Milch wie einen Brei
kurz *aufkochen,* dann mit Folie fest verschließen. «

schokoladen-mohn-strudel

ZUBEREITUNGSZEIT 1 STD.
BACKZEIT 35–45 MIN.
ZUTATEN FÜR 8–10 PORTIONEN

STRUDELTEIG
250 g Mehl (+ Mehl zum Ausrollen und Bestäuben)
10 ml Öl
2 Tropfen Essig, Salz
50 g Butter
Fett für das Blech

FÜLLUNG
2 Eier (Größe M)
1 Vanilleschote
200 g Zucker
230 ml Milch
1 EL Mehl
1 TL abgeriebene Zitronenschale
60 g weiche Butter
225 g gemahlener Mohn
1 Apfel
100 g Kuvertüre (70 %)
50 g Rosinen
Puderzucker zum Bestreuen

1 Für den Teig das Mehl, das Öl, ca. 1/8 l lauwarmes Wasser, den Essig und 1 Prise Salz zu einem glatten Teig schlagen, dabei den Teig gut durchkneten und ab und zu werfen. Teig zu einer Kugel formen, in Klarsichtfolie wickeln und mindestens 30 Min. ruhen lassen.

2 Für die Füllung die Eier trennen. Mit einem Messer das Mark aus der Vanilleschote herauskratzen. Die Eigelbe mit 150 g Zucker schaumig schlagen. Die Milch erwärmen. Mehl, Zitronenschale, Butter, Vanillemark und Milch mit der Eigelb-Zucker-Mischung vermengen und unter ständigem Rühren kurz aufkochen lassen. Den Mohn dazugeben. Alles nochmals bei ständigem Rühren einmal aufkochen, dann abkühlen lassen.

3 Inzwischen den Apfel schälen, entkernen und reiben. Die Kuvertüre fein hacken. Den geriebenen Apfel unter die kalte Mohnmasse rühren. Rosinen und Kuvertüre daruntermischen. Eiweiße mit dem restlichen Zucker steif schlagen und unterheben.

4 Den Backofen auf 180° vorheizen. Den Strudelteig mit etwas Mehl bestäuben und auf ein Küchentuch setzen. Die Hände bemehlen und den Teig noch einmal durchkneten, ausrollen und dann ausziehen. Mit den Handrücken unter den Teig greifen und so den Teig von der Mitte her nach außen sehr dünn ziehen, bis er fast durchsichtig ist. Risse und Löcher ausbessern, dicke Teigränder abschneiden. Inzwischen die Butter schmelzen. Den ausgezogenen Teig mit etwas flüssiger Butter einpinseln.

5 Die Mohnmischung auf dem ausgezogenen Teig verteilen. Die Längsseiten ca. 4 cm über die Füllung schlagen. Das Küchentuch nach oben ziehen, sodass sich der Strudel rollt. Ein eingefettetes Backblech unterschieben und den Strudel darauf abrollen. Strudel mit restlicher Butter bestreichen. Im heißen Ofen (Mitte, Umluft 160°) in ca. 35–45 Min. goldgelb backen. Mit Puderzucker bestreut servieren.

Nach Küchenkampf und Pfannenhölle

Es bleibt nicht aus, dass ich mit anhören muss, wenn über mich gesprochen wird. Manchmal fällt das schlimme Wort mit »P«. Lesen muss ich es auch manchmal, wenn jemand von einem Prominenten ein Interview möchte und dann ausgerechnet auf mich gekommen ist. Meine Standardantwort ist jedes Mal: »Nö, ich bin nicht prominent, ich habe einen anständigen Beruf!« Für mich gibt es ein ebenso ungeliebtes Wort mit »F«, das mich meist völlig zusammensacken lässt. Ich weiß, die Leute können nichts dafür.

Veritabler Beruf ...

Es ist ja auch keinesfalls falsch, wenn man mich einen Fernsehkoch nennt. Aber dann möchte ich immer sagen: »Leute, Fernsehen ist mein geliebtes Spielbein, das mir hilft, über den Suppenhafen hinauszublicken. Trotz Kamera und Schauspielkunst mit schwäbischem Sprachfehler bin ich abends grundsätzlich in meiner Küche und mittags fehle ich dort nur mittwochs und donnerstags. Fernsehkoch ist ein mindestens so veritabler Beruf wie Zahnarzt.« Wenn man aber ein Restaurant hat und dort der

Moderatorin Evelin König darf als erste probieren, was ich gekocht habe.

Konzentrierte Arbeit vor und hinter den Kulissen: Das optimale Resultat muss pünktlich fertig sein.

Das Kochteam: links von mir Otto Koch und Jacqueline Amirfallah, rechts Rainer Strobel.

Koch ist, dann ich das völlig jenseits normaler Berufe. Die eigene Kneipe ist eine Leidenschaft, manchmal Hassobjekt und dann wieder heiß geliebt.

... und eine Obsession

Der Kochberuf ist eine Obsession und mit nichts anderem zu vergleichen. Da wird Kochen zum wirklichen Lebensinhalt! Wenn es zusätzlich noch vor der Kamera stattfindet, kann man natürlich nicht vom heimischen Herd, von Küchenkampf und Pfannenhölle, ruckartig auf die technisch perfekte Atmosphäre eines Fernsehstudios umstellen.
So ist es keine Attitüde, dass ich mich vor der Kamera ziemlich natürlich und praxisorientiert verhalte. Nein, ganz und gar nicht, es ist schlicht so: Ich kann nicht anders!

Das Kreuz mit der Sendezeit

In einem Restaurant mit meinen Ansprüchen sind für jeden Mitarbeiter täglich mindestens zehn Stunden fällig. Die übersteht man nur frisch und munter, wenn man den Faktor Arbeitszeit ganz vergisst. Kochen lässt mich alles vergessen, deshalb ist es mit der Sendezeit natürlich ein Kreuz. Da muss man aufs Tempo drücken, aber das bin ich gewohnt.
Im Restaurant sitzen nämlich auch nicht Genießer, die verhungern wollen, sondern der Auftrag ist, in möglichst kurzer Zeit ein optimales Ergebnis zu liefern. Ganz wie im Fernsehen.

Nichts ist gefälscht

Ich bin glücklich, das »ARD-Buffet« und beim SWR die »Kochkunst« so gestalten zu können, dass man dem Auftrag der »Öffentlich-Rechtlichen« gerecht wird. Die Arbeit dort entspricht genau meiner Lebenshaltung. Kein Product-Placement, nichts wird aus Erwerbsinteressen in die Kamera gehalten, nichts ist gefälscht. Mancher Leute niedere Instinkte werden partout nicht befriedigt.

Stolz auf mein Publikum

Mein Fernsehpublikum, in beiden Sendungen, ist für mich nicht irgendeine anonyme graue Masse, die mir das Auskommen erleichtert, sondern es sind Leute, mit denen mich eine gemeinsame menschliche Basis verbindet. Ich weiß, von was ich rede, denn es kommen ja viele auch in mein Restaurant. Es gab nie Probleme. Und wenn ich spazieren gehe, so werde ich andauernd angesprochen, dies aber von Leuten, die mich nicht mit Erdklumpen bewerfen, sondern freudig grüßen und mir so begegnen, dass ich stolz darauf bin, einen solchen Fanclub zu haben.
Wie sagte mir ein weiser Schauspieler einmal: »Es gibt nichts Schöneres als einen treuen Fanclub, wichtig ist aber obendrein, dass es auch die richtigen Leute sind!«

MENÜ Frühlingserwachen

VORSPEISE

Sauerampfersalat mit verlorenem Ei S. 22
und/oder
Kartoffelsuppe mit Bärlauch, Dörrpflaumen und Speck S. 29

HAUPTSPEISE

Lammkoteletts mit Lauch gratiniert S. 49
oder
Tafelspitz mit Pesto Genueser Art S. 44

DESSERT

Reisauflauf mit Rhabarberkompott S. 61

MENÜ Frühlingsgefühle

VORSPEISE

Spargelsalat mit Rhabarberdressing S. 25
und/oder
Forellenstrudel S. 41

HAUPTSPEISE

Heilbutt mit grüner und schwarzer Tapenade S. 37
oder
Entenbrust mit Apfel-Pistazien-Kruste und Frühlingsgemüse S. 55

DESSERT

Holunderküchle mit Holundersorbet und Erdbeersauce S. 59

MENÜ Sommerfrische

VORSPEISE

Gemüsesülze mit Fenchel und Paprika S. 75
und/oder
Salat von lauwarmen Auberginen mit Paprika-Gurken-Gemüse S. 65

HAUPTSPEISE

Tomaten-Ricotta-Tortellini S. 77
oder
Gegrillter Seeteufel mit grünem Korianderdip S. 79

DESSERT

Pfirsich mit Zabaione und Granatapfelsauce S. 95

MENÜ Spätsommer

VORSPEISE

Scharfe Joghurt-Pfirsich-Suppe mit Riesengarnelen S. 70
oder
Warmer Tomatensalat mit gebackenem Ei S. 67

HAUPTSPEISE

Forelle mit Sommerkräutern und Leinöl S. 81
oder
Provenzalischer Lammsattel mit Rosmaringemüse S. 88

DESSERT

Zitronentarte mit Brombeeren S. 97

MENÜ Herbstzeitlos

VORSPEISE

Lachsterrine mit Dillsauce S. 114
und/oder
Fischsuppe mit Gemüse S. 107

HAUPTSPEISE

Chateaubriand mit Pomodori secchi S. 126
oder
Schweinefilet mit Kastanien gefüllt
und Rotkohl S. 122

DESSERT

Salat von Kaktusfeige, Minze
und Marsala S. 137

MENÜ Erntedank

VORSPEISE

Salat von geröstetem Fenchel S. 102
und/oder
Steirische Kürbissuppe S. 109

HAUPTSPEISE

Ochsenschwanz mit Steinpilzfüllung S. 130
oder
Wildschweinröllchen mit Pfeffer-
pflaumen gefüllt S. 125

DESSERT

Topfenpalatschinken S. 139

MENÜ Winterfest

VORSPEISE

Topinambursuppe mit panierten Käsewürfeln S. 149
und/oder
Krautsalat mit Walnüssen S. 147

HAUPTSPEISE

Biopoularde im Salzmantel S. 170
oder
Gefüllte Kalbsbrust S. 169

DESSERT

Schokoladen-Mohn-Strudel S. 181

MENÜ Weihnachten

VORSPEISE

Feldsalat mit gebratener Geflügelleber S. 145
und/oder
Selleriecremesuppe mit Lachscroûtons S. 151

HAUPTSPEISE

Gebratene Ente mit Béchamel-Kastanien S. 172
oder
Hasenrücken mit Pfefferbirnen S. 166

DESSERT

Limetten-Joghurt-Sorbet S. 179
oder
Karamellisierte Orangen S. 179

Der Fotograf

Wolfgang Schardt kann seine Liebe für Essen und Trinken beruflich ausleben: In seinem Studio in Hamburg fotografiert er vor allem Food, Stills und Interieur für Magazine, für Verlage und für Werbung. In diesem Buch war ganz klar Vincent Klink sein Lieblingsobjekt vor der Kamera, und die Erfahrungen vor Ort in den Hügeln Stuttgarts waren kulinarisch und menschlich sehr bereichernd. **Anke Politt** assistierte professionell, langmütig und fröhlich.

Die Foodstylistin

Anne-Katrin Weber lebt und arbeitet in Hamburg. Als Foodstylistin, Produzentin, Buch- und Rezeptautorin arbeitet sie für Buchverlage und Werbeagenturen. In diesem Buch war sie für das Gelingen der Food-Fotos mindestens ebenso wichtig wie der Mann mit der Kamera.

Der Porträt-Autor

Wiglaf Droste ist ein Freund barocker Vielfalt; sein Lebensmittel ist die Sprache. Satire und Polemik sind ihm so nah wie die Hymne oder der charmante Gesang. Über Kulinarisches schreibt er in der Zeitschrift *Häuptling Eigener Herd*, die er gemeinsam mit seinem besten Freund und Blutsbruder Vincent Klink herausgibt. Howgh!

Die Zeichnerin

Stephanie Türck ist eine junge Stuttgarter Kommunikationsdesignerin, die sich mit der schönen Verschriftung von Noten (Notationstypographie) einen Namen gemacht hat. In diesem Buch verbildlichte sie in Tusche die Kommentare des Küchenphilosophen Vincent Klink auf ihre ganz besonders charmante Art und Weise. (www.stephanietuerck.de).

Programmleitung: Doris Birk

Leitende Redaktion: Stephanie Wenzel

Konzept und Redaktion: Monika Greiner

Lektorat: Susanne Bodensteiner

Umschlaggestaltung und Innenlayout: independent Medien-Design, Sandra Gramisci und Martha Olesniewicz

Fotoproduktion und Coverfoto: Wolfgang Schardt, Hamburg

Bildnachweis: S. 182 und 183 re. SWR/Schweigert, S. 183 li. und Mi. SWR/Gitzinger

Herstellung: Petra Roth

Satz: Knipping Werbung GmbH, Berg/Starnberg

Reproduktion: Longo AG, Bozen

Druck: Firmengruppe APPL, aprinta druck, Wemding

Bindung: Conzella, Pfarrkirchen

Die **GU-Homepage** finden Sie unter **www.gu-online.de**

ISBN 978-3-8338-0982-8
1. Auflage 2008

Unsere Garantie

Alle Informationen in diesem Ratgeber sind sorgfältig und gewissenhaft geprüft. Sollte dennoch einmal ein Fehler enthalten sein, schicken Sie uns das Buch mit dem entsprechenden Hinweis an unseren Leserservice zurück. Wir tauschen Ihnen den GU-Ratgeber gegen einen anderen zum gleichen oder einem ähnlichen Thema um.

Liebe Leserin und lieber Leser,

wir freuen uns, dass Sie sich für ein GU-Buch entschieden haben. Mit Ihrem Kauf setzen Sie auf die Qualität, Kompetenz und Aktualität unserer Ratgeber. Dafür sagen wir Danke! Wir wollen als führender Ratgeberverlag noch besser werden. Daher ist uns Ihre Meinung wichtig. Bitte senden Sie uns Ihre Anregungen, Ihre Kritik oder Ihr Lob zu unseren Büchern. Haben Sie Fragen oder benötigen Sie weiteren Rat zum Thema? Wir freuen uns auf Ihre Nachricht!

Wir sind für Sie da!
Montag – Donnerstag: 8.00 – 18.00 Uhr;
Freitag: 8.00 – 16.00 Uhr
Tel.: 0180-5005054*
Fax: 0180-5012054*
E-Mail:
leserservice@graefe-und-unzer.de

*(0,14 €/Min. aus dem dt. Festnetz/ Mobilfunkpreise können abweichen.)

P.S.: Wollen Sie noch mehr Aktuelles von GU wissen, dann abonnieren Sie doch unseren kostenlosen GU-Online-Newsletter und/oder unsere kostenlosen Kundenmagazine.

GRÄFE UND UNZER VERLAG
Leserservice
Postfach 86 03 13
81630 München

GRÄFE UND UNZER

Ein Unternehmen der
GANSKE VERLAGSGRUPPE